HEINRICH TÖNNIES

Cartes-de-Visite Photographer Extraordinaire
Det 19. Århundredes "Fotograf Extraordinaire".

Alexander Alland, Sr.

Preface by Bjørn Ochsner, Head of Department of Maps, Prints, and Photographs, the Royal Library, Copenhagen.

Forord af Bjørn Ochsner, Det kongelige Bibliotek. Førstebibliotekar, Kort- og Billedafdelingen.

CAMERA/GRAPHIC PRESS LTD.
NEW YORK

Library of Congress Cataloging in Publication Data

Alland, Alexander.
  Heinrich Tönnies, cartes-de-visite photographer extraordinaire.
  English and Danish.
  1. Carte de visite photographer. I. Tönnies,
Heinrich, 1825-1903. II. Title.
TR680.A45   779'.2'0924   77-18650
ISBN 0-918696-06-2

Danish translation by Inger Marie Hansen

Printed in the United States of America

CAMERA/GRAPHIC PRESS LTD.
P.O. Box 1702, F.D.R. Station
New York, N.Y. 10022

FOREWORD

Seventy-five years after his death German-born
Heinrich Tönnies, who in 1870 became a Danish
citizen, found a real friend in a Russian-born
American, Alexander Alland. Mr. Alland is al-
ready known to us in Denmark by his work on
another Dane, Jacob A. Riis.

He has now accomplished the same wonders
with Tönnies' negatives as he did with Riis'. The
prints which he judiciously selected and made
from Tönnies' little glass plates far surpass any-
thing we have seen before. He has been able to
reveal the images as truly as the two photogra-
phers actually saw them.

The exhibition of Tönnies' photographs that
Mr. Alland arranged in Aalborg in 1975 brought
about a re-evaluation of Tönnies' work by the
Danish public. For directing our attention to a
previously little-known Danish camera artist, we
are indeed thankful to Alexander Alland.

—Bjørn Ochsner

FORORD

I 75-året efter sin død fandt den tyskfødte Hein-
rich Tönnies, der blev dansk statsborger i 1870,
en virkelig ven i en russiskfødt amerikaner ved
navn Alexander Alland. Hr. Alland er os allerede
bekendt i Danmark gennem sit værk om en
anden dansker, Jacob A. Riis.

Han har nu udført samme mirakler med Tön-
nies negativer som i sin tid med Riis. De tryk, som
han omhyggeligt har udvalgt og fremstillet fra
Tönnies små glasplader, overgår langt alt vi tid-
ligere har set. Det er lykkedes ham at afsløre
motiverne så ægte, som de to fotografer så dem i
virkeligheden.

Udstillingen af Tönnies fotografier, som hr. Al-
land arrangerede i Aalborg i 1975, medførte en
nyvudering af Tönnies arbejder af den danske
offentlighed. Vi er dybt taknemmelige overfor
Alexander Alland for at henlede vores op-
mærksomhed på en hidtil lidet kendt dansk foto-
grafisk kunstner.

—Bjørn Ochsner

For LILI and ELLEN TØNNIES

and for Jørgen Schou-Christensen, Torben Witt, Henning Bender and Bjørn Ochsner, whose cooperation made this book possible.

Tönnies' biography is based on "De Gamle Fotographer i Aalborg" 1967, by Knud Dynesen, and "Hos Photograph Tønnies" 1974, by Jørgen Schou-Christensen, to whom the author extends his gratitude.

Tilegnet LILI og ELLEN TØNNIES

og Jørgen Schou-Christensen, Torben Witt, Henning Bender og Hjørn Ochsner, hvis værdifulde bistand har muliggjort denne bog.

Tönnies biografi er baseret på "De Gamle Fotographer i Aalborg" 1967, af Knud Dynesen, og "Hos Photograph Tønnies" 1974, af Jørgen Schou-Christensen, overfor hvem forfatteren udtrykker sin taknemmelighed.

No other innovation in the field of portrait photography measured in popularity to that of the cartes-de-visite. Introduced in the early 1850's, a radical departure from every other type of portraiture, they soon created tremendous universal demand.

The origin of the cartes-de-visite is shrouded in mystery. Some experts agree that it was either Count Aguado, or the Duke of Parma who was the first to paste his portrait on his calling card, but that probably the recognition belongs to Monsieur Louis Dodero, a photographer in Marseilles, who was the first to introduce the little pictures to the general public. Only one thing is certain: credit for their success belongs to Disdéri, court photographer to Napoleon III, who popularized cartes-de-visite by introducing methods of mass production, thus reducing the cost and making them available to millions of people. To the practitioner of this art, willing to exploit the new possibilities, they proved to be a gold mine.

Before long, a large variety of fancy albums appeared on the market, specially designed to hold the 2½″ x 4″ pictures — vignetted busts and full length figures. Some of the albums contained small music boxes that would play when the book was opened. It was a rare family that did not take pleasure in their personal gallery of images of themselves, their relatives and friends. Collecting the cartes of celebrities, renowned beauties, athletes, military heroes, etc., as well as views of faraway places and landmarks, became a favorite past-time. In England alone, millions of these pictures were sold annually at a few pennies apiece.

By 1860, there were thousands of photographers all over the world who specialized in cartes-de-visite. Among the few who produced work of high artistic merit was Heinrich Tönnies, a photographer in Aalborg, Denmark. Johann Georg Heinrich Ludwig Tönnies was born in 1825 in Grünenplan, Duchy of Brunswick, Germany, where his father had a factory manufacturing mirrors. As was the custom of the time, young Heinrich worked in his father's establishment. In 1846, he decided to strike out on his own and left for another city, having found employment in a glass factory which produced table ware. There, a specialist in decorating glass recognized Tönnies' artistic ability and made him his apprentice. Twelve months later he accepted a job in another

Ingen anden opfindelse indenfor portrætfotograferingens område står mål med "Cartes-de-Visite" (et visitkort med portræt) i popularitet. Denne teknik, introduceret i de tidlige 1850ere som en radikal afvigelse fra enhver anden form for portrætkunst, skabte snart en enorm global efterspørgsel.

Cartes-de-visites oprindelse er hyldet i et slør af mystik. Nogle eksperter er enige om, at enten Grev Aguado eller Hertugen af Parma var først til at klæbe sit portræt på sit visitkort. Dog tilkommer æren sandsynligvis Monsieur Louis Dodéro, en fotograf i Marseilles, som var den første, der introducerede de små billeder for det brede publikum. Men en ting er sikker: Æren for successen tilkommer Disdéri, Napoleon IIIs hoffotograf, some gjorde cartes-de-visite populære ved at indføre metoder til mangfoldiggørelse, og derved nedbragte omkostningerne, og derved gjorde dem tilgængelige for millioner af mennesker. For de udøvere af denne kunstform, der var villige til at satse på udnyttelse af disse nye muligheder, viste disse sig at være en guldmine.

Inden længe fremkom i handelen et stort udvalg af smarte albums, indrettet til at rumme vignet-brystbilleder og helfigur-afbildninger 6 x 9 cm. Nogle albums indeholdt små spilledåser, der begyndte at spille, når bogen blev åbnet. Det ville være en sær familie, der ikke glædede sig over deres eget galleri med gengivelser af dem selv, deres slægtninge og venner. Det blev en særlig yndet fritidsbeskæftigelse at samle på cartes-de-visite af berømtheder, kendte skønheder, sportsstjerner, militære helte, m.fl., såvel som af smukke udsigter fra fjerne lande. Alene i England solgtes hvert år millioner af disse billeder for få pennies pr. stk.

Omkring 1860 var der tusindvis af fotografer over hele kloden, der specialiserede sig i cartes-de-visite. Blandt de få, der fremstillede arbejder af betydelig kunstnerisk værdi var Heinrich Tönnies, en fotograf fra Aalborg. Johann Georg Heinrich Ludwig Tönnies var født i 1825 i Grünenplan, Hertugdømmet Brunswick, Tyskland, hvor hans far ejede en fabrik, der fremstillede spejle. Efter tidens skik arbejdede den unge Heinrich i sin fars forretning. I 1846 besluttede han sig til at begynde en selvstændig tilværelse, idet han var blevet ansat på et glasværk, der fremstillede drikkeglas. På glasværket var der en specialist i glasdekoration. Han lagde hurtigt

glass factory ten miles north of Hobro in Denmark, and for the next six years decorated their fancy stem-ware with garlands of flowers. By then an established craftsman, Tönnies felt he was ready to take on the responsibilities of raising a family. He traveled back to Grünenplan to fetch Emma Müller, the girl he was pledged to marry since they were in their teens. To keep his job secure, Tönnies was anxious to return to Hobro as soon as possible, but Emma refused to leave home until they were married. The snag was, that according to German law, there had to be a waiting period between the declaration of intention to marry and the nuptuals. Tönnies, a resourceful man, then decided on a ruse: he took Emma to the American Consulate in Hamburg expressing the wish to emigrate to the United States of America as man and wife. This empowered the American Consul to marry them without delay. The ruse was successful.

The glass factory where Tönnies worked was situated in the northern part of the Jutland peninsula, surrounded by a thick forest which provided fuel for their smelting furnaces. Though all seemed to be idyllic for the newly-wedded couple, happily expecting their first child, life in such an isolated spot proved to be dull and uneventful. When they learned that the owners of their factory had decided to build a modern plant in Aalborg, they looked forward to settling there. Aalborg was a commercial and manufacturing city, the center of many surrounding communities.

Unexpectedly, an opportunity for Tönnies to better his position in life came along. His countryman, C. Fritsche, who was the only photographer in Aalborg, contemplated selling his business and returning to Germany. For a considerable amount of money, Tönnies bought Fritsche out. He not only acquired a fully equipped studio, but also Fritsche's personal tutelage to help him become a fully fledged photographer. A practical man, Tönnies saw the possibilities of capitalizing on Fritsche's expertise in the calotype process which was known to very few. It afforded the duplication of positive prints in quantity whereas daguerreotypes, the more common method of portraiture used, produced but one image.

To pave the way for acceptance of the new owner, a series of notices began to appear in the local paper, the Aalborg Stiftstidende. On June 20th, 1856, Fritsche announced that he had taken

mærke til Tönnies kunstneriske formåen og tog ham i lære. Et år senere accepterede han en stilling på et andet glasværk, 15 km nord for Hobro, og i de næste 6 år udsmykkede han deres fineste stilkglas med blomsterranker. På dette tidspunkt følte Tönnies at han var en etableret kunsthåndværker, der var rede til at påtage sig ansvaret for at stifte familie. Han rejste tilbage til Grünenplan for at hente Emma Müller, den pige, han havde været trolovet med siden sin tidlige ungdom. For ikke at miste sit arbejde, var Tönnies opsat på at komme tilbage till Hobro så hurtigt som muligt, nen Emma nægtede at tage hjemmefra, før de var blevet gift. Hemskoen var, at i henhold til tysk lov skulle der være en ventetid imellem lysningen og selve brylluppet. Tönnies, en idérig mand, besluttede sig derfor til at anvende et kneb. Sammen med Emma tog han til det amerikanske konsulat i Hamburg, og meddelte, at de ønskede at emigrere til Amerikas forenede Stater som mand og kone. Dette bemyndigede den amerikanske konsul til at forrette vielsen uden videre forsinkelser. Knebet lykkedes!

Glasværket, hvor Tönnies arbejdede, lå i Nordjylland, omgivet af tætte skove, som forsynede værket med brændsel til smelteovnene. Skønt alt syntes idyllisk for det nygifte par, som nu lykkeligt ventede ankomsten af deres førstefødte, viste tilværelsen sig at være kedelig og ensformig i en så øde egn. Da de fik at vide, at fabrikkens ejere havde besluttet sig til at opføre et moderne glasværk i Aalborg, glædede de sig til at bosætte sig der. Aalborg var en handels- og fabriksby, og centrum for et stort opland.

Ganske uventet opstod der en mulighed for Tönnies til at forbedre sin stilling i tilværelsen. Hans landsmand, C. Fritsche, som var den eneste fotograf i Aalborg, overvejede at sælge sin forretning og vende tilbage til Tyskland. Tönnies købte Fritsche ud for et betydeligt beløb. Ikke blot kom han derved i besiddelse af et fuldt udstyret atelier, men Fritsches personlige oplæring hjalp ham derudover til at blive en fuldt uddannet fotograf. Tönnies, som var en praktisk mand, så mulighederne for at tjene penge på Fritsches ekspertise i kalotypiprocessen, som kun få kendte. Denne gav mulighed for at duplikere positive aftryk i større antal, hvorimod daguerreotypi, den mere almindeligt anvendte metode ved portrætfotografi, kun gav en kopi.

For at præsentere den nye ejer, indrykkedes en række notitser i Aalborg Stiftstidende, den lokale

on a very experienced partner; in the last notice to appear, on December 11, Tönnies announced that from that time on he was the sole owner, and promised his clientele that they would enjoy the same high quality in portraits and service as was given by his predecessor.

With the change of ownership the business spurted forward considerably. In addition to daguerreotypes and calotypes, Tönnies soon added the much easier to make ambrotypes — a negative image on glass, backed by a dark varnish which gave the illusion of a positive. Since ambrotypes could be made at a much lower cost than daguerreotypes, clients began to flock to him in ever increasing numbers. In 1861, feeling financially secure, he went to Berlin to update his equipment and to learn more about the new processes. On his return he moved the business to more spacious quarters, hired assistants and installed a large sign on the building: "H. Tönnies. Photographic Atelier. Pannotypes, Photolithography, Stereoscopy, Cartes-de-Visite, and Medallions." Pannotype portraits were made by stripping emulsion from the plate, and transferring the image to a piece of black waxed linen or leather. Medallions were oval portraits on glass in full color. Tönnies, an experienced colorist, achieved in his medallions an effect very much like that of modern color photography. His method was to color two convex pieces of glass and fit them together so perfectly that they appeared as one. The top piece contained a stripped, thinly developed image on which the face, eyes and lips were colored in light natural colors; the back-up glass completed the coloration with the application of heavier tones to the hair and clothing. The effect of the total picture was astounding!

By 1864 the demand for cartes-de-visite was in full swing in the large cities of Europe and America, reaching a state of mania. Tönnies foresaw that the demand for them would eventually reach Aalborg, and was fully prepared to handle the increased volume of work.

The region where Tönnies settled was not a prosperous one. The majority of its people eked out their living as tenant farmers subjected to hard, unrelenting toil. Wages were low, the soil poor, and the growing season short. Many a household looked toward North America as a haven. Ten years after Tönnies opened his new studio almost half the population from the dis-

avis. Den 20. juni 1856 meddelte Fritsche, at han havde optaget en meget erfaren kompagnon. I den sidst indrykkede notits, 11. december, meddelte Tönnies, at han fra dags dato var eneindehaver, og han lovede sine kunder, at de ville få samme høje kvalitet i portrætter og service, som de var vant til fra hans forgænger.

Gennem ejerskiftet blomstrede forretningen. Foruden daguerreo- og kalotypi tilføjede Tönnies snart den lettere fremstillede ambrotypi til sin kunnen. Et negativt aftryk på glas, der på bagsiden var beklædt med mørk fernis, illuderede som et positiv. Da ambrotypi kunne fremstilles meget billigere end daguerreotypi, strømmede kunderne til i stadigt stigende antal. Da Tönnies i 1861 følte sig økonomisk tryg, rejste han til Berlin for at forny sit udstyr og lære mere om de nye processer. Da han vendte tilbage, flyttede han forretningen til større lokaler, ansatte medhjælpere og anbragte et stort skilt på bygningen: "H. Tönnies. Atelier for Photographie, Panotypie, Lito-Photographie, Stereoskop, Visitkort og Medaillons". Pannotypi portrætter blev fremstillet ved at fjerne emulsionen fra pladen og overføre motivet til et stykke sort, voksbehandlet lærred eller læder. Medaljoner var fuldt farvelagte ovale portrætter på glas. Tönnies, en erfaren kolorist, kunne i sine medaljoner opnå en effekt meget lig moderne farve-fotografering. Den metode han anvendte, bestod i at farvelægge to konvekse stykker glas og derefter føje dem så perfekt sammen, at de syntes som et. Den øverste halvdel bestod af et svagt fremkaldt billede på hvilket ansigt, øjne og læber blev farvelagt i lyse, naturlige farver. Den nederste halvdel afsluttede farvelægningen gennem anvendelse af kraftigere toner i hår og klædedragt. Virkningen af det færdige billede var forbløffende.

I 1864 var efterspørgslen efter cartes-de-visite i fuldt sving i de store byer i Europa og Amerika ved at nå et næsten manisk stade. Tönnies forudså, at behovet for dem også til sin tid ville nå Aalborg, og han var vel forberedt til at håndtere det ekstra arbejdspres.

Den landsdel, hvor Tönnies havde bosat sig, var ikke særlig velhavende. Hovedparten af befolkningen ernærede sig kummerligt som fæstebønder ved hårdt arbejde og uafladeligt slid. Lønningerne var lave, jorden fattig og vækståret kort. Mangt et hjem betragtede Nordamerika som et himmerige. I tiåret efter at Tönnies havde åbnet sit nye atelier, emigrerede næsten halvdel-

trict around Aalborg emigrated to the United States. In this extraordinary exodus, his little pictures, which could be ordered by the dozen at reasonable cost, filled a very significant need. People required portraits of their loved ones to take along and of themselves to leave behind.

Tönnies started to keep records of his negatives in 1864, and by 1902, a year before his death, they numbered 134,697. Allowing for extra poses which he took of some sitters, his collection of cartes-de-visite contains not less than 75,000 individual portraits. A breakdown by years reveals that in two decades, between 1870 and 1890, he had photographed at least 45,000 people. This coincides with the wave of emigration from Jutland. Probably many of Tönnies' little pictures today still grace the albums of the descendants of Danish immigrants who settled in Utah, and the Mid-Western states of the U.S.A.

Until the introduction of dry plates in about 1880, sensitized solutions had to be prepared on the premises of each photographer shortly before the plates were to be exposed. This so-called wet collodion process rendered an emulsion of comparatively slow speed. Depending on the brightness of the day, exposures by skylight often required 15 to 30 seconds. To ensure the stability of the sitter, studios were equipped with various devices for support: iron stands, head clamps, specially designed chairs, etc. At the height of the demand for portraits, with a view to conserving precious daylight (during the winter months the working period was limited to a few hours a day) each sitter was allotted only a few minutes. To all concerned it was satisfactory, since all that the clients expected to see was a good image of themselves.

At first the sitters were posed against plain white backdrops. When competition increased, to outdo their rivals, the photographers brought in fancy backgrounds and props ranging from elegant drawing rooms resplendent with classical pillars and French windows to idyllic country scenes. To go with outdoor winter, apparel, scenes of snow-capped mountains with simulated drifts of snow in the foreground were also popular.

More affluent photographers employed specially designed cameras fitted with a number of lenses which enabled them to make multiple image negatives. The first such camera, equipped with four lenses, was introduced by Disdéri. Exposing a whole size plate twice, with the use of a

en af befolkningen fra området omkring Aalborg til De forenede Stater. I denne ekstraordinære udvandring dækkede hans små billeder, som kunne bestilles i dusinvis for små penge, et markant behov. Folk ville gerne have portrætter af deres kære til at tage med, eller af dem selv til at efterlade.

Tönnies begyndte at føre kartoteker over sine negativer i 1864, og i 1902, året før hans død, var antallet 134.697. Selv under hensyntagen til ekstra optagelscr, som han tog af nogle kunder, androg hans samling af cartes-de-visite ikke færre end 75.000 individuelle portrætter. Tager man dem år for år 1870-1890, fotograferede han mindst 45.000 mennesker. Dette falder sammen med udvandringsbølgen fra Jylland. Mange af Tönnies små billeder pryder sikkert albums af efterkommere af danske immigranter, som slog sig ned i Utah og andre stater i USAs Midtvest.

Indtil tørpladen blev introduceret i ca. 1880, måtte den fotografiske hinde tilberedes hos fotografen kort tid før pladerne skulle eksponeres. Denne såkaldte våde kollodium-process gav en emulsion med forholdsvis langsom hastighed. Eksponering ved ovenlys tog ofte 15-30 sekunder afhængig af dagslysets styrke. For at få modellen til at sidde stille, var atelieerne ofte udstyret med forskellige former for støtteanordninger: Jernstativer, hovedklamper, særligt fremstillede stole, osv. Da portrætefterspørgslen nåede sit højdepunkt, udnyttede man gerne det sparsomme dagslys bedst muligt. I vintermånederne var arbejdstiden begrænset til nogle få timer om dagen, og hver kunde fik kun tildelt nogle få minutter. Det var dog tilfredsstillende for alle parter, idet det eneste kunden forventede at se var et godt billede af sig selv.

I begyndelsen blev kunden fotograferet på almindelig hvid baggrund. Da konkurrencen øgedes, anvendte fotograferne smarte kulisser og søgte at overgå hinanden i opfindsomhed. Disse varierede mellem strålende elegante opholdsstuer med klassiske søjler og franske vinduer, og idylliske landskaber. Som passende baggrund til vinterklædte kunder, var scener med sneklædte bjerge og falske snedriver i forgrunden meget populære.

De mere velhavende fotografer benyttede særligt apparatur udstyret med et antal linser, som satte dem i stand til at tage adskillige billednegativer. Det første fotografiapparat af denne type, der var udstyret med 4 linser, blev introduceret af

repeating back, he obtained eight 2½″ x 3½″ images which could be printed in one operation. The advantage of this method was obvious considering the slowness of the printing paper. Paper available at the time was sold in an unfinished state; it had a layer of albumen and salt, but had to be sensitized with silver nitrate before use.

Tönnies' methods of work were slower. Acclimated to the easy going pace of the Danes, he found no need for time-saving devices. His tool was a small, single lens camera with a repeating back capable of taking two pictures on the same plate. His unhurried attitude was perhaps the reason why he stood apart from most of his contemporaries. Looking at his portraits one has the feeling that he was interested in each of his clients; he didn't rush them in and out but took the time to make their acquaintance, and then made them as comfortable as possible. His little pictures, unlike many others commonly found in most family albums, are studies which communicate the character of the sitter to us. They project dignity and pride in their person, their profession or trade. This ability to record more than a surface image, to reveal the inner man and woman, places Tönnies' photography in the realm of art in its own right.

In 1865 we find Tönnies again in Germany. Not long before, he had acquired a very desirable piece of real estate on the busy market place in Aalborg. He envisioned his future studio there as being a replica of a luxurious one he had seen in Berlin on a previous visit. It belonged to the photographer appointed to the Royal Court. What had impressed him most of all was the lighting: unobstructed light flooded the room coming through both a glass roof and a tall broadside wall of glass. A series of sliding blinds and movable reflectors facilitated control of light and shade for the desired affect. Tönnies had long dreamed of having such a studio. While in Germany, to complete his dream, he acquired an assortment of fine furnishing and accoutrements, and a giant camera which he planned to use for taking life-size portraits, topographical views and buildings. This new 20″ x 24″ apparatus was equipped with a lens nearly 6 inches in diameter fully covering a plate of that enormous size.

In the ensuing years Tönnies periodically took his big camera out of doors. He had an urge to record the city he loved. As a result, after Copenhagen, Aalborg became the most photo-

Disdéri. Når han dobbelteksponerede en hel tørplade ved hjælp af en forskydelig negativ afdækning, opnåede han otte reproduktioner, hver 6 x 9 cm, som kunne kopieres i en arbejdsgang. Fordelene ved denne metode var indlysende, når man tog positivpapirets langsomme process i betragtning. Det papir, man kunne købe på den tid, blev leveret i rå stand. Det var belagt med et lag albumen (æggehvide) og salt, men måtte gøres følsomt med sølvnitrat før brugen.

Tönnies teknik var langsommere. Han var blevet vænnet til danskernes mere afslappede tempo, og fandt ikke, at der var behov for tidsbesparende anordninger. Hans værktøj var et lille fotografiapparat med en enkelt linse og en forskydelig plade til afdækning af det halve glasnegativ, der var i stand til at tage to billeder på samme negativplade. Hans uforhastede holdning var måske netop grunden til at han skilte sig ud fra de fleste af sine samtidige. Når man ser på hans portrætter, har man følelsen af, at han var interesseret i hvert enkelt af sine motiver. Han skyndede ikke på dem, men tog sig tid til at lære dem at kende, og sørgede for at de befandt sig godt. Hans små portrætter er studier, der giver os personens karakter, ulig mange andre, man ofte finder i de fleste familiealbums. De udstrålede værdighed og stolthed i deres person, og i hans profession eller håndværk. Denne evne til at fæstne mere end blot en overfladisk gengivelse, at give os den indre mand eller kvinde, placerede Tönnies fotografi i sin egen ret i kunstens verden.

I 1865 finder vi atter Tönnies i Tyskland. Kort tid forinden havde han erhvervet en meget attråværdig ejendom på den travle markedsplads i Aalborg. Han forestillede sig sit fremtidige atelier dér som en efterligning af et luksuriøst indrettet atelier, han havde set i Berlin under et tidligere besøg. Det var en hoffotograf, som ejede det. Det, der havde imponeret ham mest, var belysningen: Lys fyldte uhindret rummet, både gennem glastaget og en høj, bredsidet glasvæg. En række glide-rullegardiner og bevægelige refleksskærme muliggjorde kontrol af lys og skygge, så man kunne opnå den ønskede effekt. Tönnies havde længe drømt om at få netop sådan et atelier. Mens han var i Tyskland, købte han en samling udsøgte møbler og udstyr for at kunne opfylde sin drøm, samt et kæmpe fotografiapparat, som han havde i sinde at bruge til at tage helfigurs billeder, topografiske udsigter samt bygningsværker. Dette nye 50 x 60 cm apparat var

graphed city in Denmark in the second half of the 19th century. Among his most notable achievements in outdoor photography was a series he made in 1874 of the iron railroad bridge under construction which was to link Aalborg with nearby Nørresundby. Commissioned to record the work in progress, he cleverly equipped a barge with a darkroom in which to process his plates while floating on the Limfjord. Until the exhibition of Tönnies' portraiture in the Aalborg Historical Museum in 1974, he was known to Danish archivists and photo-historians primarily for his topographical views; his contribution to portrait photography had gone unnoticed.

The nonagenarian granddaughter of Heinrich Tönnies, Miss Lili Tønnies remembers him as a man slight in stature, delicately built, and with an energy that knew no bounds. She tells how during the Great Country Fairs their waiting room would be packed with as many as 50 people. On those days her whole family would pitch in to accommodate the two to three hundred people coming in and out of the studio. She remembers how whole groups of them were sent out to the washrooms to clean off the dust they picked up on the roads while traveling in open wagons. In his later years, Heinrich Tönnies was known to everyone in Jutland as "Tönnies po Torvet" — Tönnies on the Market.

In the spring of 1897 Tönnies heard of the introduction of commercially manufactured dry plates. He rushed to Copenhagen to attend a demonstration of the new material, returning home loaded with a supply of the greatly improved fast plates. A year later he went to Germany again, this time to acquire a license from the chemist Obernetter, inventor of an easily workable factory-sensitized printing paper. He wanted it for his own use, but also visualized its manufacture in Aalborg.

By the end of the 1870's the demand for cartes-de-visite waned in practically every large city in favor of the more impressive cabinet size portraits. However, the low-priced little cards continued to suit the frugal Danes very well. Consequently Tönnies' studio was among the few left in the world to make them until the start of World War I. When Tönnies died in 1903 his son Emil, and after him his grandson Werner, continued the firm. From 1951, for the five years following, it was managed by a former employee under the supervision of Miss Lili. Exactly one hundred

udstyret med en linse, der var næsten 16 cm i diameter, og med en billedvinkel, som fuldstændig dækkede fotopladen af denne enorme størrelse.

I de følgende år tog Tönnies fra tid til anden sit store fotografiapparat udendørs. Han havde en dyb trang til at forevige den by, som han elskede. Følgen var, at Aalborg var Danmarks mest fotograferede by i den sidste halvdel af det 19. arhundrede næst efter København. Blandt hans mest bemærkelsesværdige præstationer indenfor udendørs fotograferingen var en billedserie, han tog i 1874 under opførelsen af den ståljernbanebro, der skulle forbinde Aalborg med det nærliggende Nørresundby. Han fik det hverv at skildre arbejdet, mens det var under opførelse. Han udstyrede på dygtig vis en pram med et mørkekammer, hvor han kunne fremkalde sine fotoplader, til søs på Limfjorden. Indtil udstillingen af Tönnies portrætkunst i Aalborg historiske Museum i 1974, var han bedst kendt af danske arkivarer og fotohistorikere for sine topografiske optagelser. Hans bidrag til portrætfotografiets kunst var endnu ikke opdaget.

Frk. Lili Tønnies, Heinrich Tönnies halvfemsårige barnebarn, husker ham som en mand, spinkel af skikkelse, og med en grænseløs energi. Hun fortæller, at på de store markedsdage kunne venteværelset være fyldt med helt op til 50 mennesker. På sådanne dage hjalp hele familien til for at tage sig af de 2-300 mennesker, der gik gennem atelieret. Hun husker, hvordan mange af dem måtte gå ud på toiletterne for at børste støvet fra rejsen i de åbne vogne af sig. Heinrich Tönnies var hen imod slutningen af sin tilværelse kendt af alle i Jylland som "Tönnies på Torvet".

I foråret 1897 hørte Tönnies om indførelsen af fabriksfremstillede tørplader. Han skyndte sig til København for at tage del i en demonstration af dette nye materiale, og kom hjem belæsset med en mængde af disse meget forbedrede, hurtige plader. Året efter tog han igen til Tyskland, denne gang for at købe licensrettighederne fra kemikeren Obernetter, opfinderen af et fabriksfremstillet positivpapir, der var let at arbejde med. Han ønskede at få det til sit eget brug, men forestillede sig også, at det kunne fremstilles i Aalborg.

Ved slutningen af 1870erne svandt efterspørgslen efter cartes-de-visite praktisk talt i alle større byer til fordel for de mere im-

years after Tönnies established his photography studio in Aalborg, it ceased to exist. His building on the Torvet was razed to make way for a modern department store.

My interest in Tönnies dates back to the summer of 1974 when, on a visit to Copenhagen, I was invited to a private showing of a short film featuring his work. It dealt mostly with his topographical views of Aalborg. Included among the views was a small number of portraits to show how his townsmen appeared in 19th century Denmark. The images projected on the screen were of such strong contrast that it was difficult to appraise his artistry and workmanship. As a photographer I saw that his negatives, if properly handled, would yield much more detail than was revealed on the screen. I went back to Denmark the following year and, with the cooperation of Aalborg's Historical Museum and Historical Archives, I was permitted to go through the entire collection of Tönnies' glass plates. My final selection narrowed down to 100 subjects which I considered to be retrospective of his life's work. The negatives were extremely dull. They had accumulated a century of dust after having been moved a number of times before finally being stored on open shelves in a basement. In addition, the old, yellowed, retouch varnish and retoucher's pencil all but obliterated the wrinkles that spoke the truth of age and the modeling of facial structure. Entrusted with a unique historical collection, I felt keenly responsible for its safety. Yet I knew that I had to make a drastic move if I was to bring back the true likeness of those who sat before Tönnies' camera. I painstakingly erased from the emulsion all that masked the subtle character lines essential to a good portrait and finally achieved the full-tone, well-detailed prints I was after.

There was, in Tönnies' time, a need for retouching, since the sensitized emulsion of the wet and early dry plates did not react to the full scale of the color spectrum. Until the introduction of panchromatic dyes, blemishes such as warts and pimples stood out as black spots, while wrinkles were overly visible and accurate. Not only could a retoucher eliminate the undesirable but, to please a customer, he could also slice down or curve a lady's waist according to his idea of shape, form and size. There were purists however, who violently reacted to such obliteration as a degenera-

ponerende kabinetsfotografier. Men trods alt vedblev de billige små kort at passe de nøjsomme danskere udmærket. Derfor var Tönnies atelier blandt de få i verden, der fremstillede dem indtil begyndelsen af Den første Verdenskrig. Da Tönnies døde i 1903, fortsatte hans søn Emil firmaet, og efter ham, barnebarnet Werner. Fra 1951 og de efterfølgende 5 år blev forretningen drevet af en tidligere medarbejder under Frøken Lilis tilsyn. Nøjagtig et hundrede år efter Tönnies etablerede sit fotografiske atelier i Aalborg, ophørte dette med at eksistere. Hans bygning på Torvet blev jævnet med jorden for at gøre plads for et moderne stormagasin.

Min interesse for Tönnies daterer sig til sommeren 1974, hvor jeg under et besøg i København blev inviteret til en privat forevisning af en kortfilm, der viste hans arbejde. I det væsentlige beskæftigede den sig om hans topografiske optagelser af Aalborg. Blandt disse fandtes nogle få portrætter, der skulle vise, hvorledes hans bysbørn så ud i det 19. århundredes Danmark. De billeder, der blev vist på skærmen, rummede så stærke kontraster, at det var vanskeligt at påskønne hans kunstneriske og håndværksmæssige formåen. Som fotograf så jeg, at hans negativer, hvis de blev behandlet på rette måde, kunne give os mange flere detaljer, end vi havde set på skærmen. Jeg tog tilbage til Danmark det følgende år, og i samarbejde med Aalborgs historiske Museum og historiske arkiver fik jeg tilladelse til at gennemgå hele Tönnies samling af glasplader. Min sidste sortering begrænsede antallet til 100 motiver, som jeg anså for at være et retrospektivt udtryk af hans livs værk. Negativerne var yderst slørede. De havde samlet et helt århundredes støv efter at være blevet flyttet et antal gange, før de til slut blev anbragt på åbne hylder i en kælder. Hertil kom, at den gamle, gulnede, retoucheringsfernis og retouchørstift så at sige udslettede de rynker, der fortalte sandheden om alderen og om ansigternes form. Betroet en enestående historisk samling, følte jeg dybt ansvaret for dens sikkerhed. Det stod mig dog klart, at skulle jeg kunne bringe den ægte lighed af de mennesker, der havde siddet foran Tönnies apparat, frem, måtte jeg anvende drastiske midler. Jeg fjernede omhyggeligt alt, der slørede de subtile karaktertræk, nødvendige i et godt portræt, fra emulsionen, og opnåede endelig de detaljerede fuldtonede kopier, jeg var ude efter.

tive, demoralizing and untruthful practice. The clients thought otherwise. In Miss Lili's words, "Today we want to show everything, but when I was a little girl helping my grandfather, all wrinkles and blemishes had to be removed, or there were no orders!" She recalls that during the last German occupation the Nazis decreed that all ID cards must bear the owner's photo. In expectation of a large volume of re-orders, the Tönnies Studio charged a minimum fee. But since the Germans insisted on unretouched photographs, the anticipated surfeit came to nothing.

The exhibition of my Tönnies prints was announced as: "The Best of Heinrich Tönnies As Seen By Alexander Alland".

To the delight of the visitors who came in expectation of finding portraits of their ancestors most of the pictures were fully identified. Tönnies, a well-organized, methodical man, fortunately had kept records of his patrons' names, addresses and occupations, occasionally adding a witty remark about his sitter. The exhibition was reviewed in full-page spreads by major newspapers throughout Denmark; all paid tribute to the photographer who left to his adopted country, a pictorial treasure and an important social and cultural document.

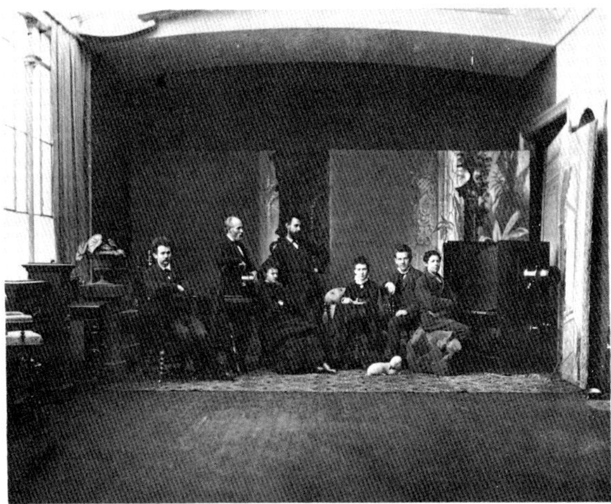

Dér var på Tönnies tid behov for retouchering, idet den følsomme hinde på de våde og tidlige tørplader ikke fuldt ud reagerede overfor hele farvespektrets skala. Indtil indførelsen af pankromatiske farvestoffer stod skønhedsfejl såsom vorter og bumser frem som sorte pletter, mens rynker var uforholdsmæssigt synlige og nøjagtige. Ikke alene kunne en retouchør fjerne det uønskede, men for at tilfredsstille en kunde, kunne han også beskære eller forme en dames talje i henhold til hans idé om figur, form og størrelse. Der var imidlertid æstetikere, som reagerede hæftigt og betegnede sådanne fjernelser som en degenererende, demoraliserende og usandfærdig fremgangsmåde. Kunderne syntes noget andet. For at bruge Frøken Lilis ord: "I dag vil vi gerne vise det hele, men da jeg var en lille pige og hjalp min bedstefar, skulle alle rynker og uskønheder fjernes, ellers fik vi ingen ordrer". Hun husker, at nazisterne under den sidste tyske besættelse beordrede alle identifikationskort udstyret med indehaverens foto. I forventning om et stort antal genbestillinger, tog Tönnies kun minimumbetaling, men da tyskerne insisterede på uretoucherede billeder, blev den forventede mangfoldighed ikke til noget.

Udstillingen af mine Tönnies-billeder blev annonceret som "Tönnies bedste af Alexander Alland".

Til stor glæde for de besøgende, der kom i forventning om at finde portrætter af deres forfædre, blev de fleste af billederne identificerede. Tönnies, en velorganiseret, systematisk mand, havde heldigvis oprettet kartoteker med sine kunders navne, adresser og beskæftigelse, og havde lejlighedsvis tilføjet en vittig bemærkning om kunden.

Udstillingen blev anmeldt i helsider af ledende dagblade over hele landet, og alle hyldede fotografen, som efterlod en billedskat og et vigtigt, socialt og kulturelt dokument til sit adopterede land.

ALEXANDER ALLAND, SR.

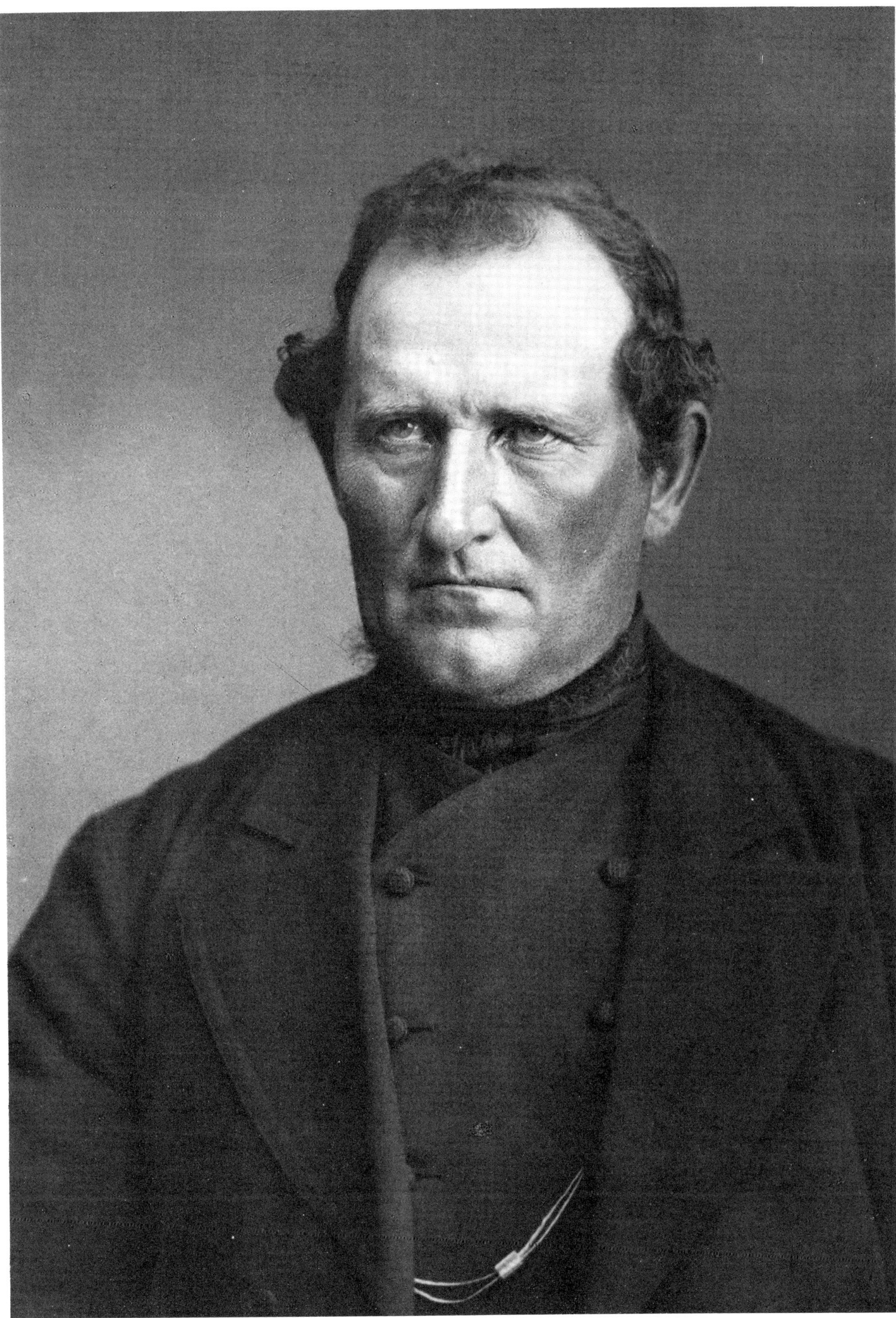

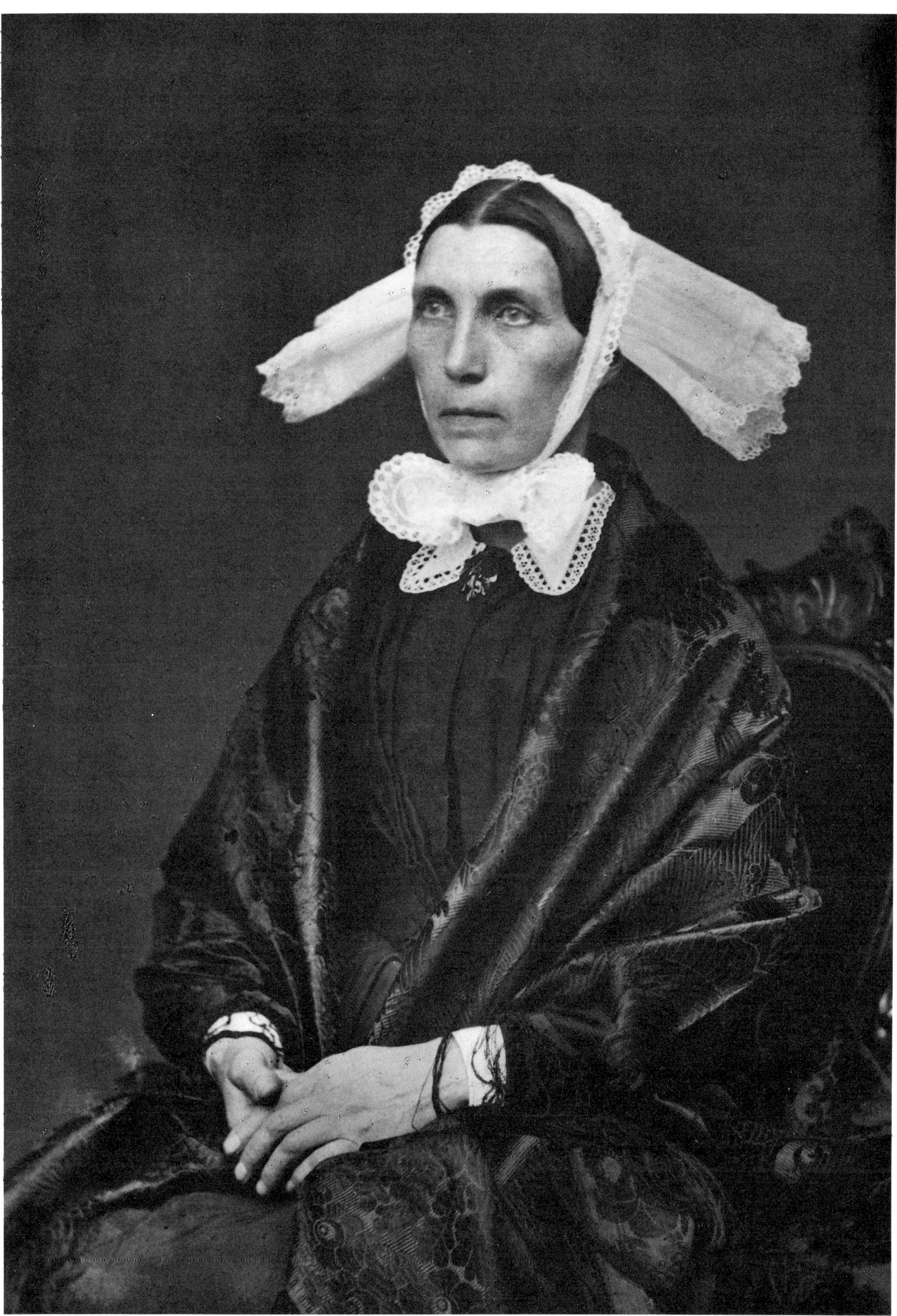

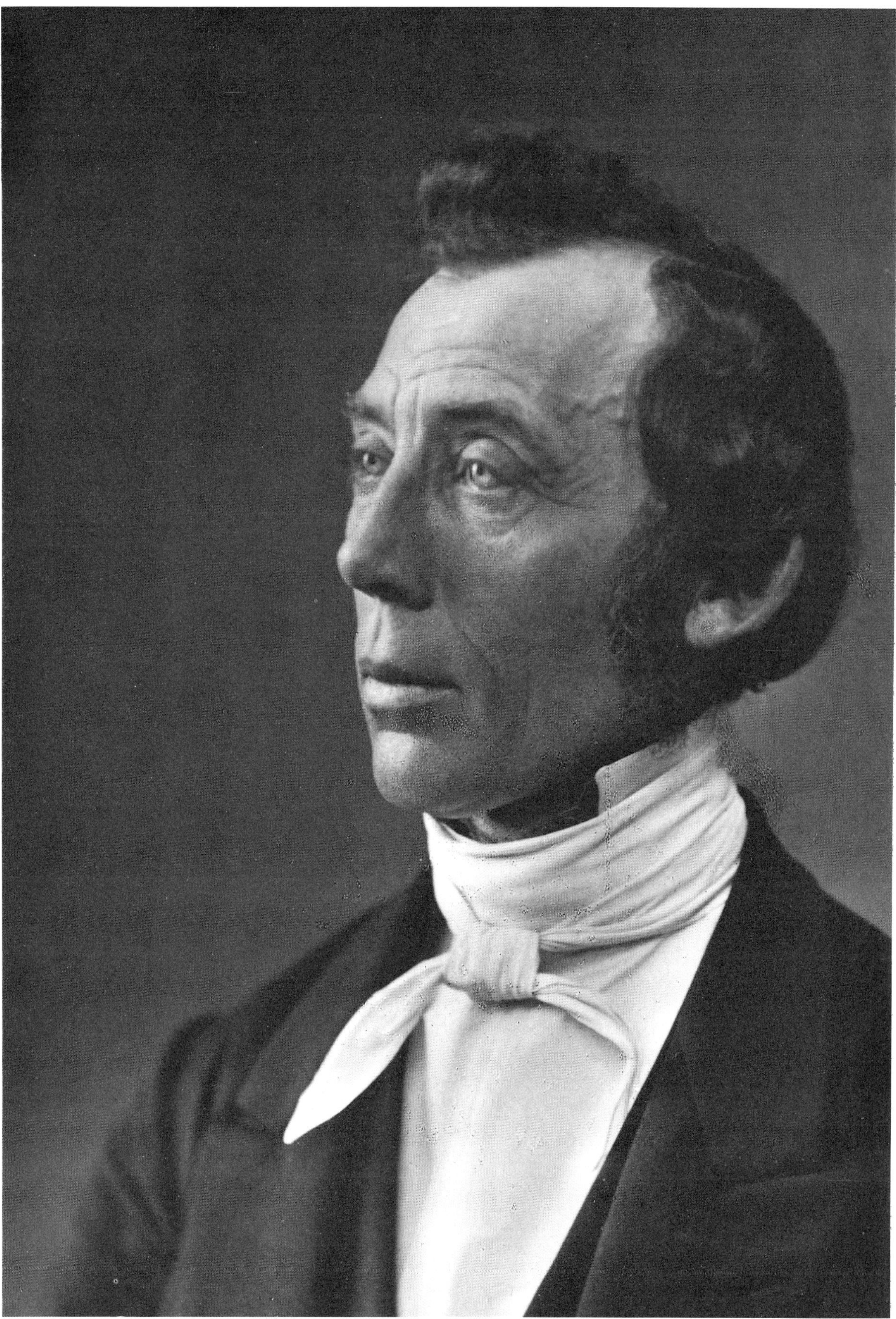

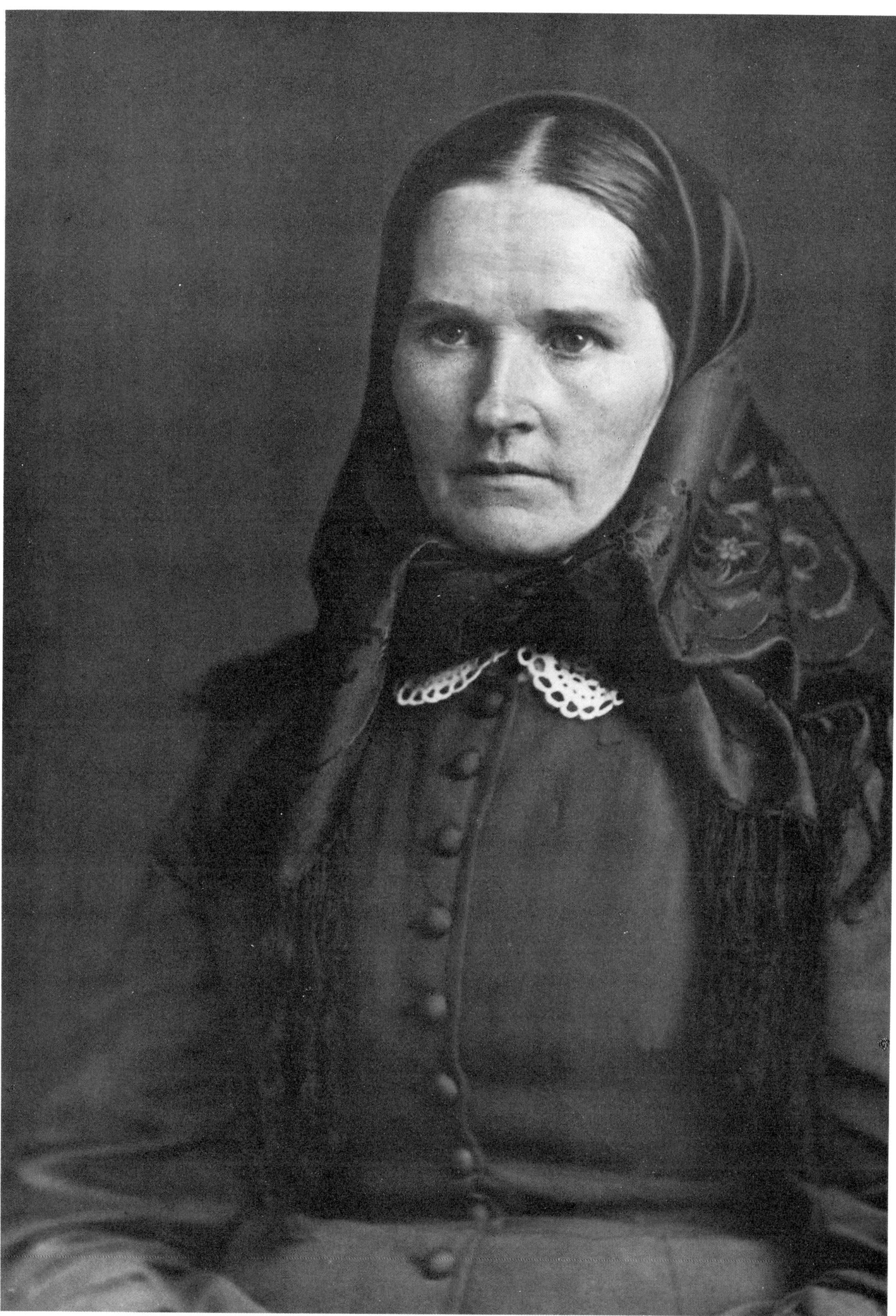

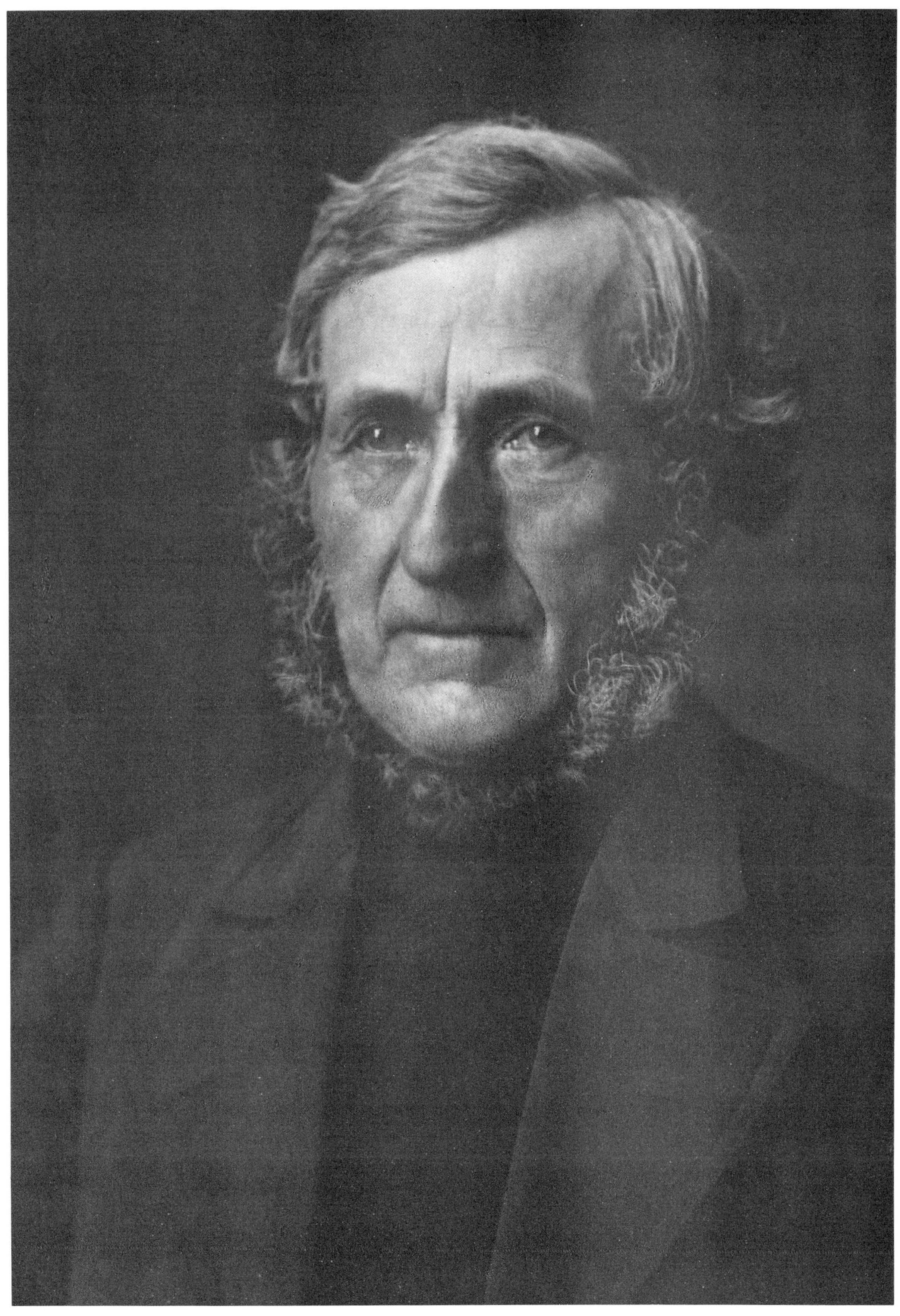

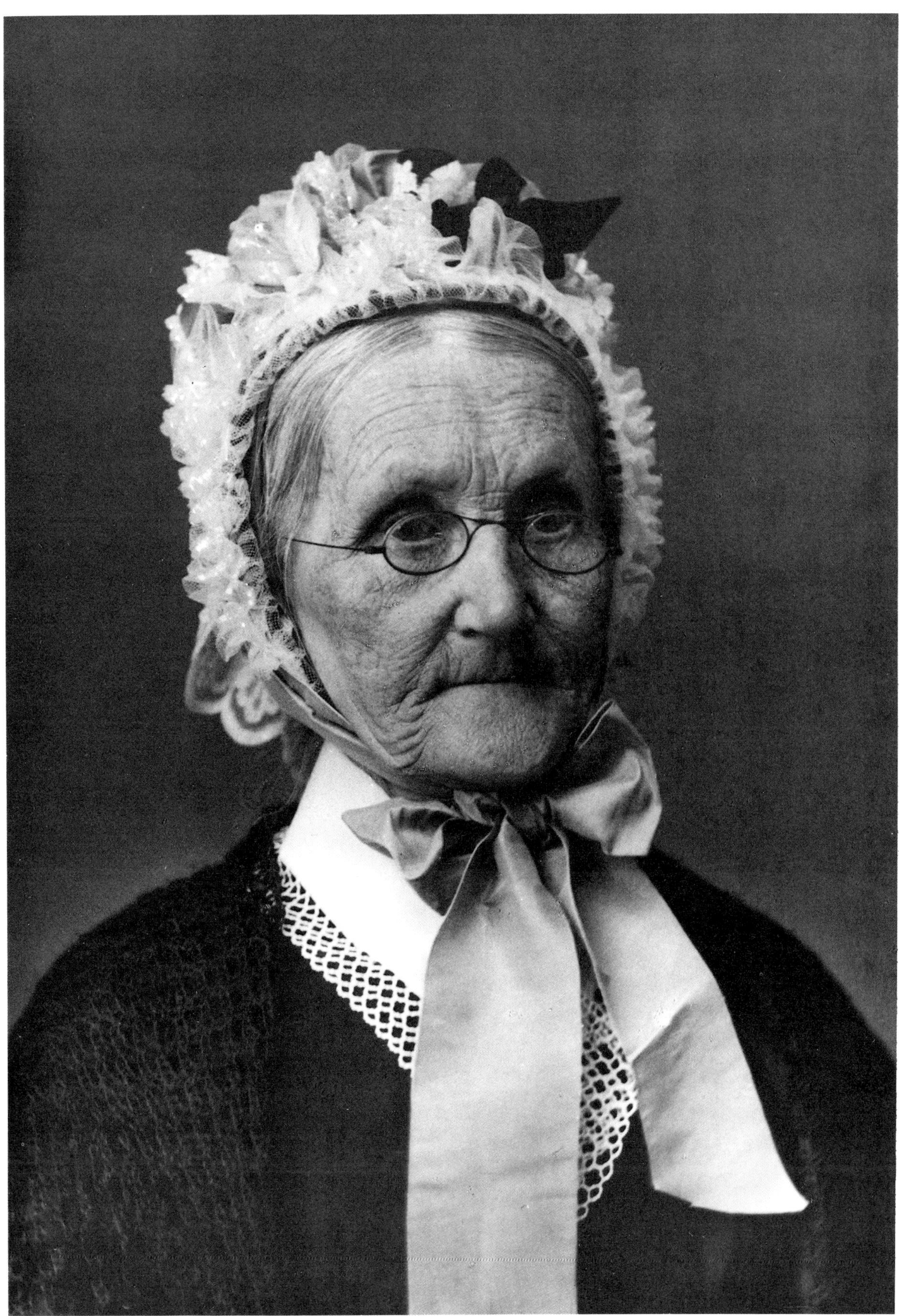

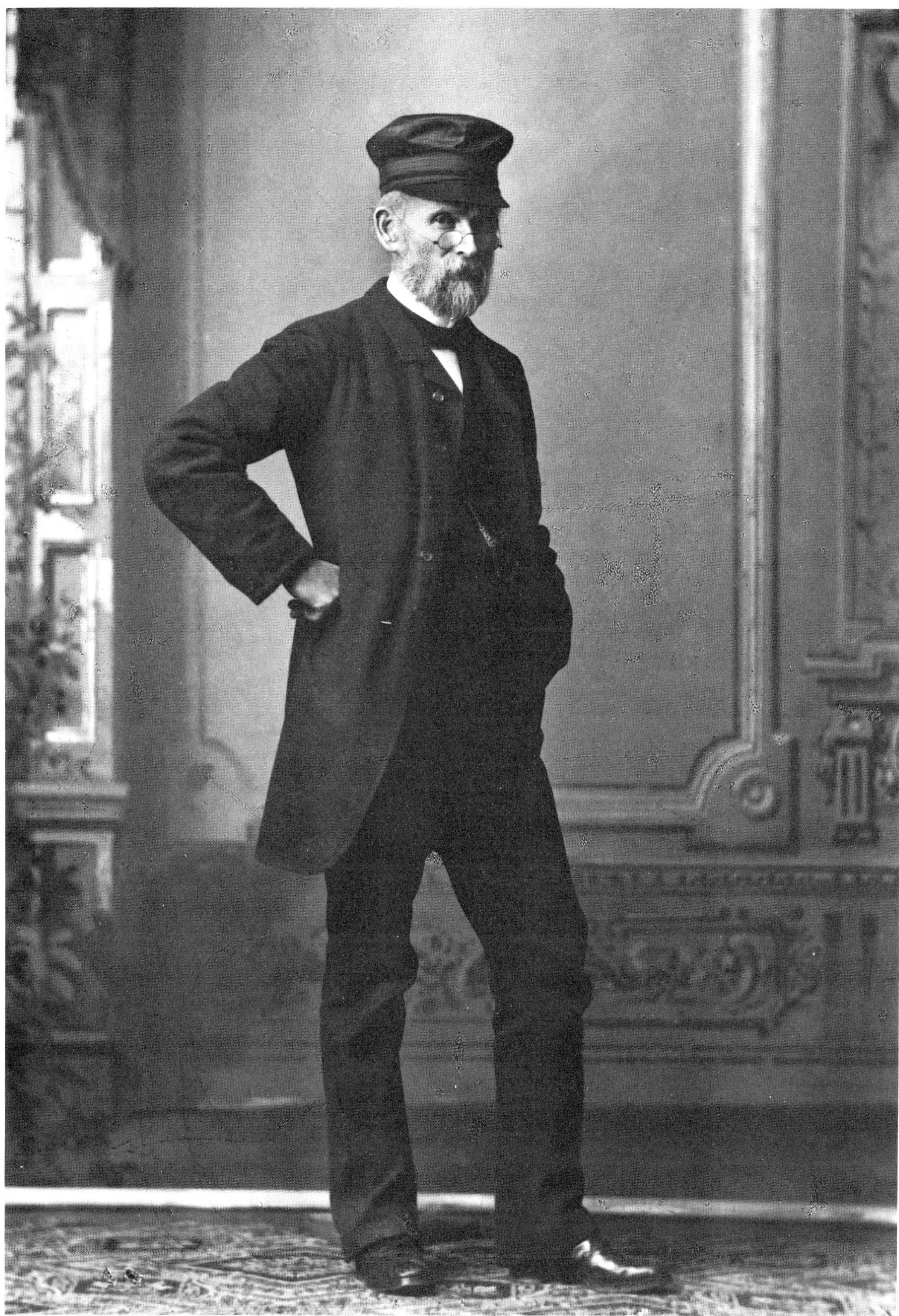

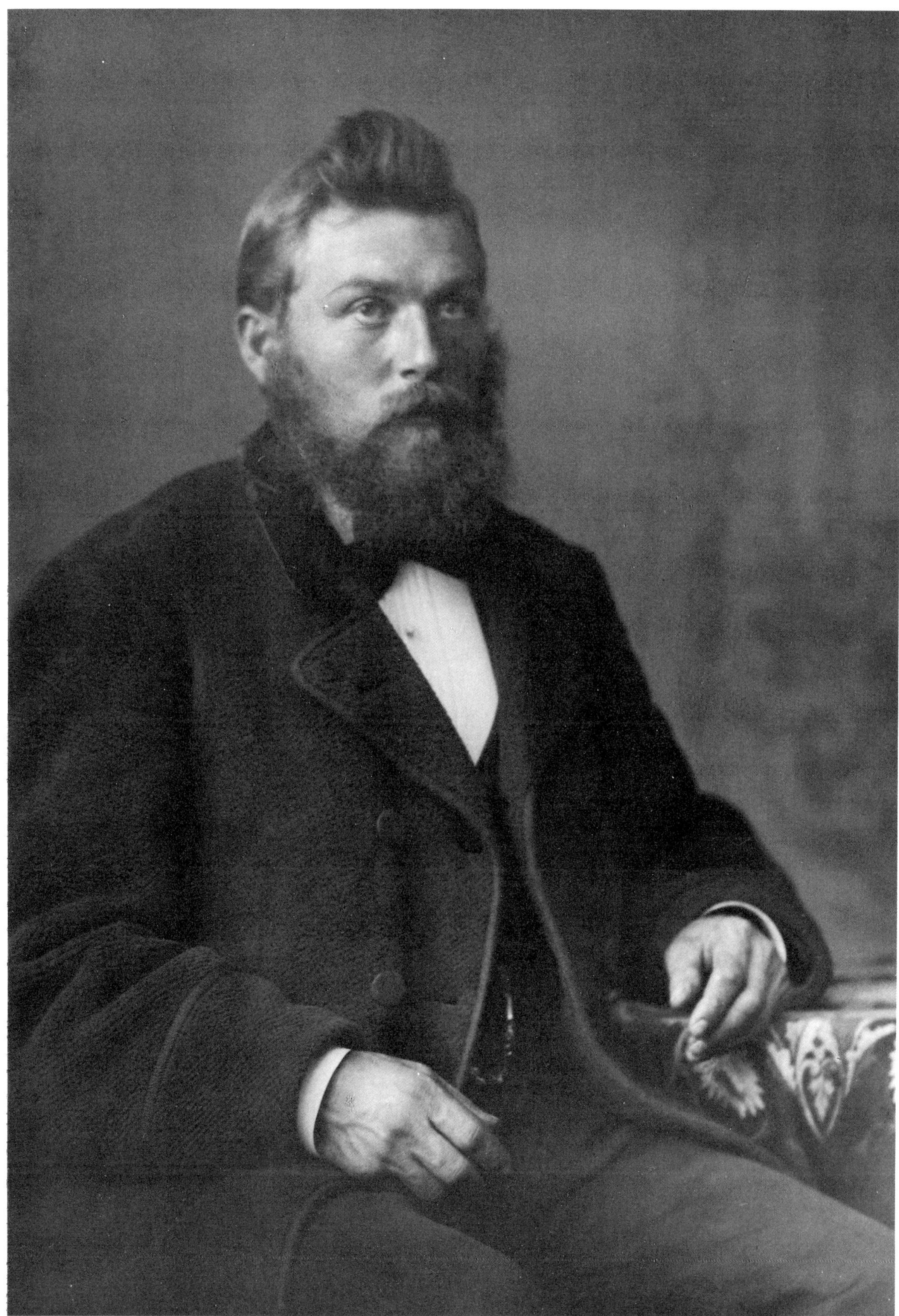

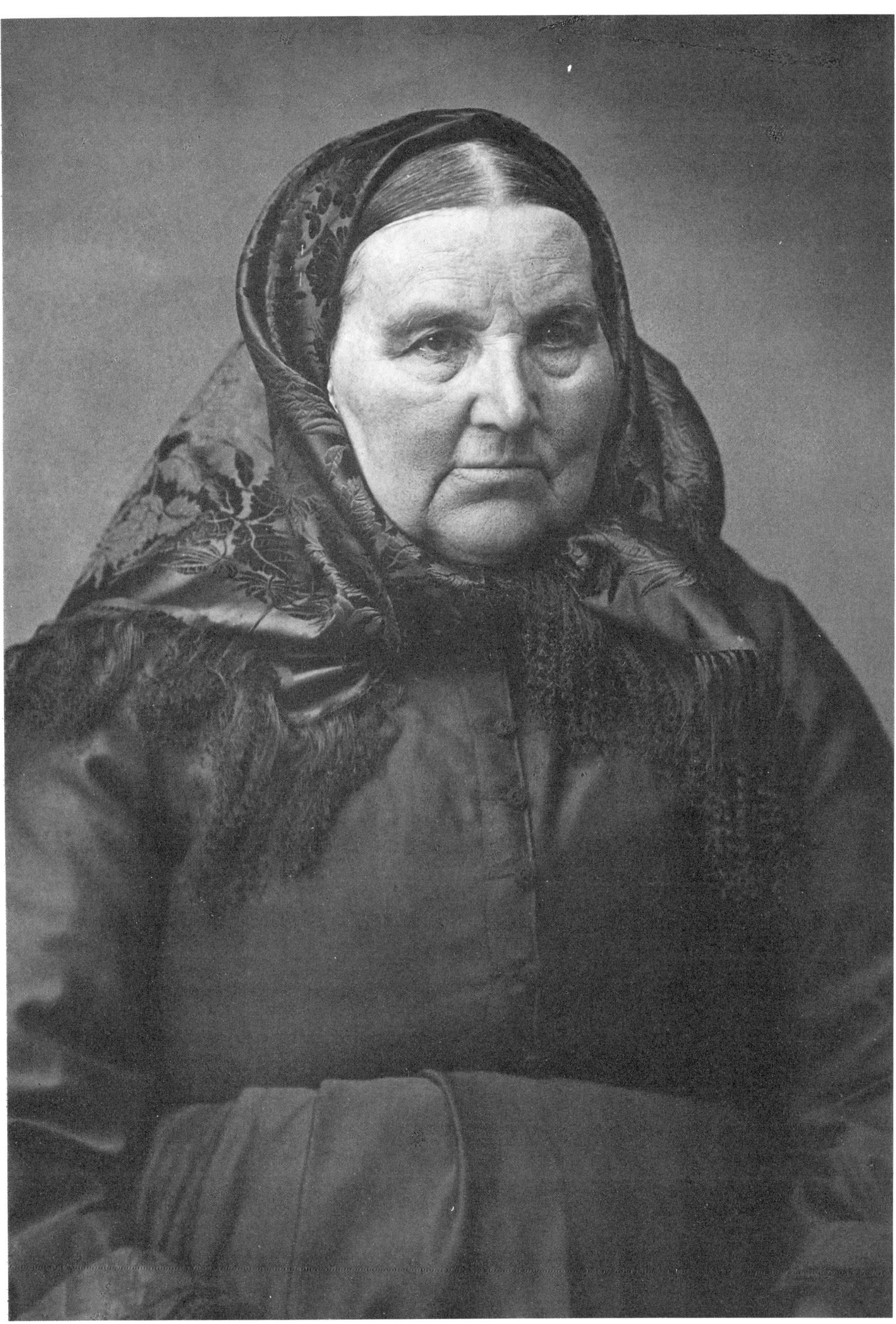

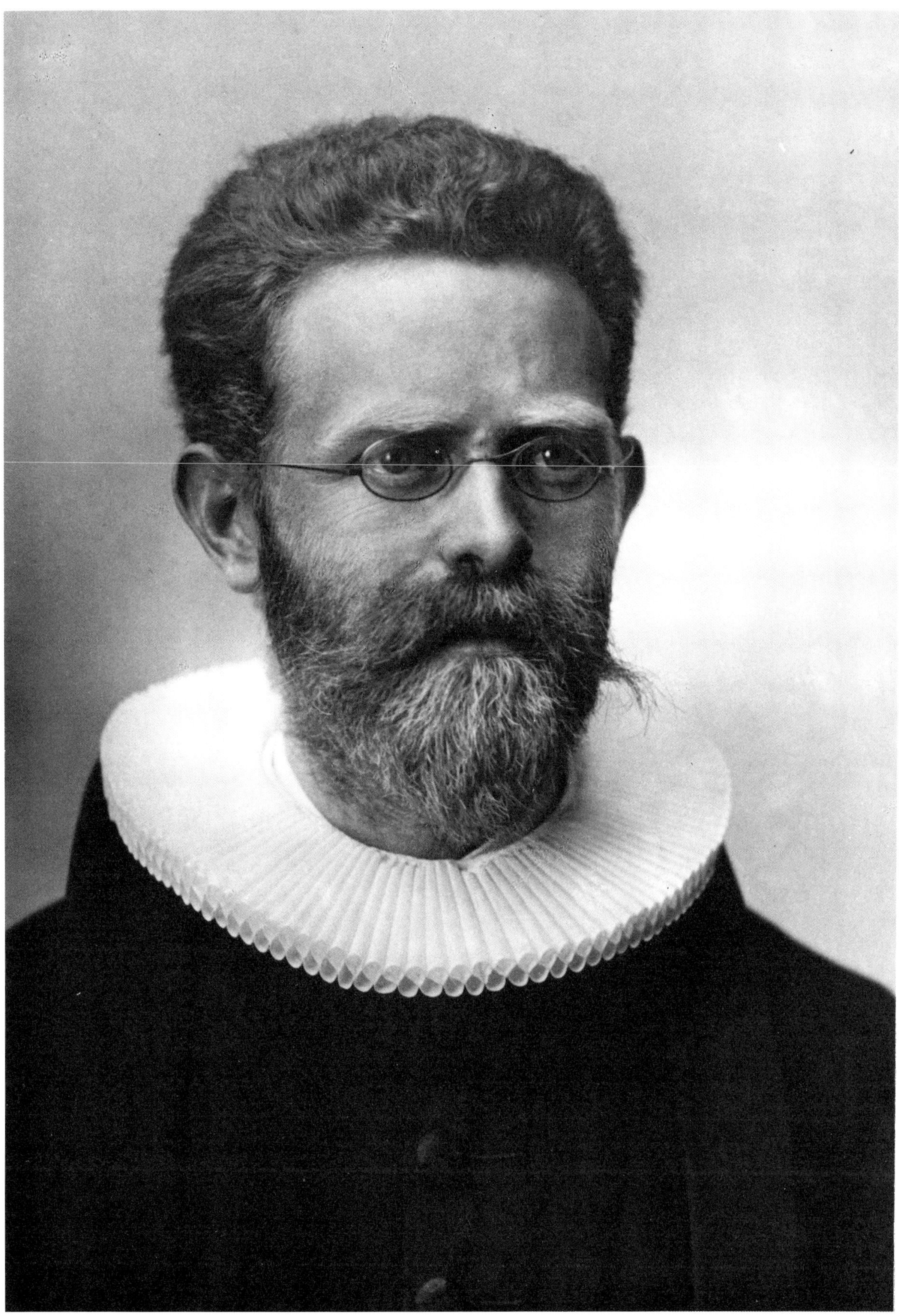

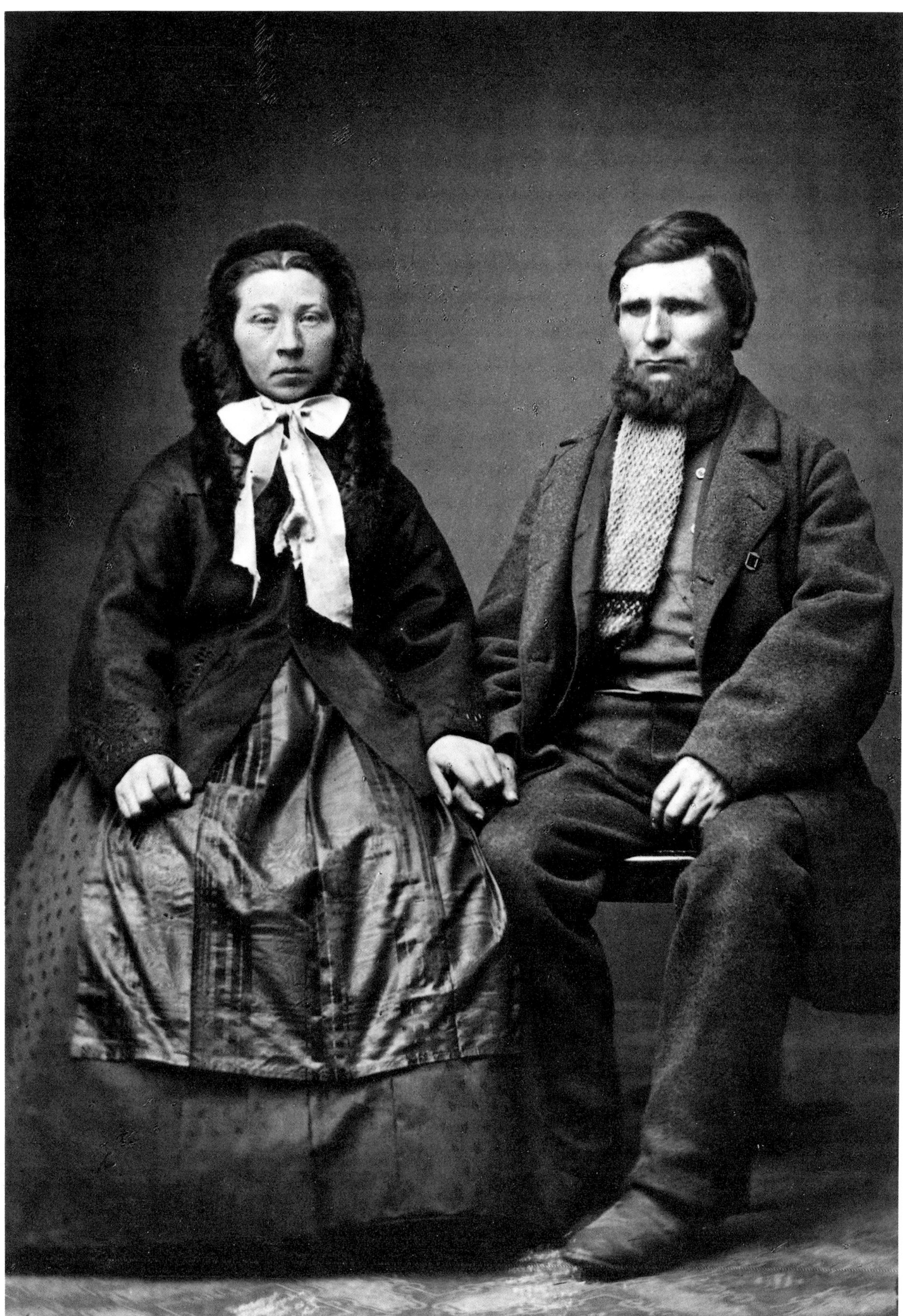

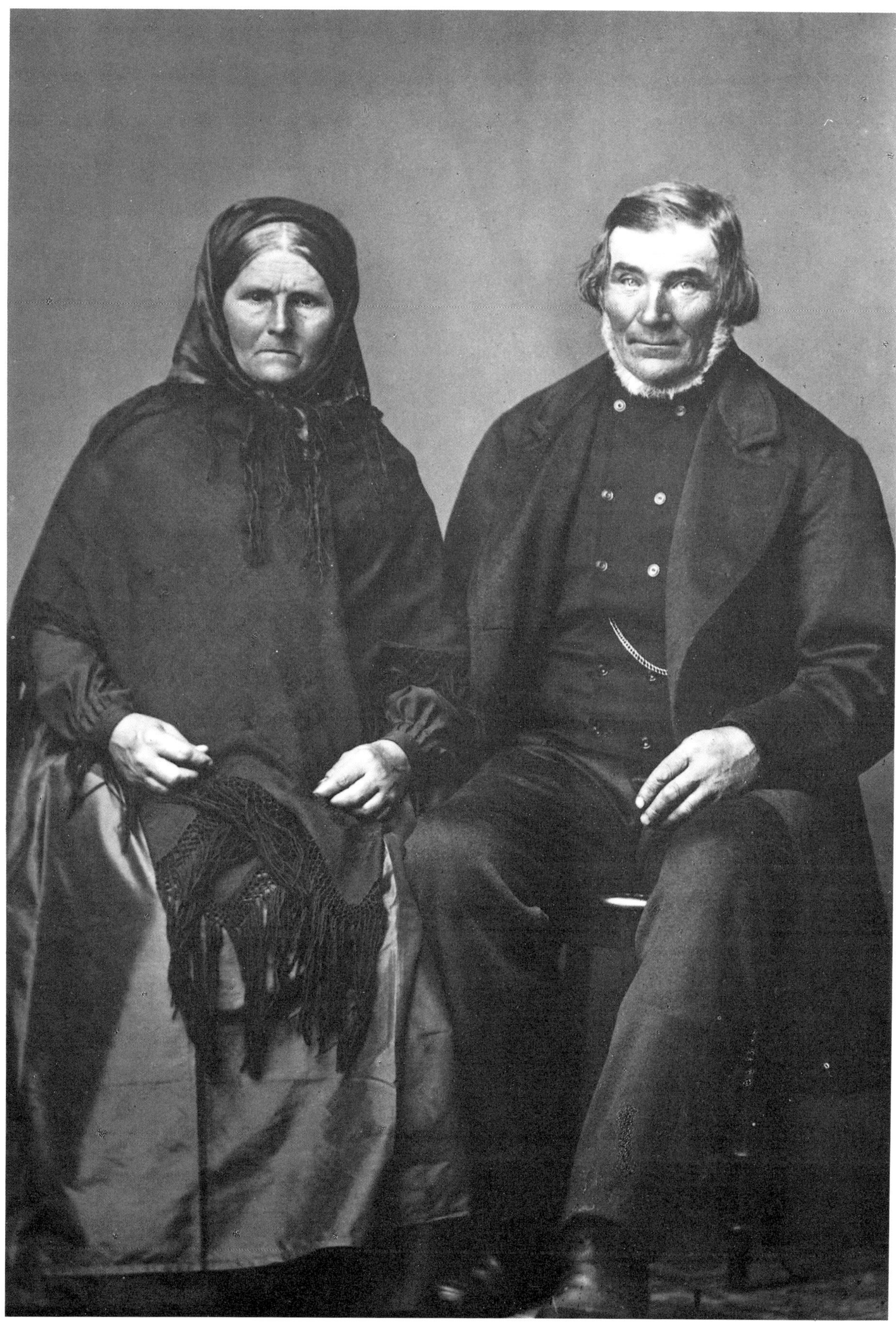

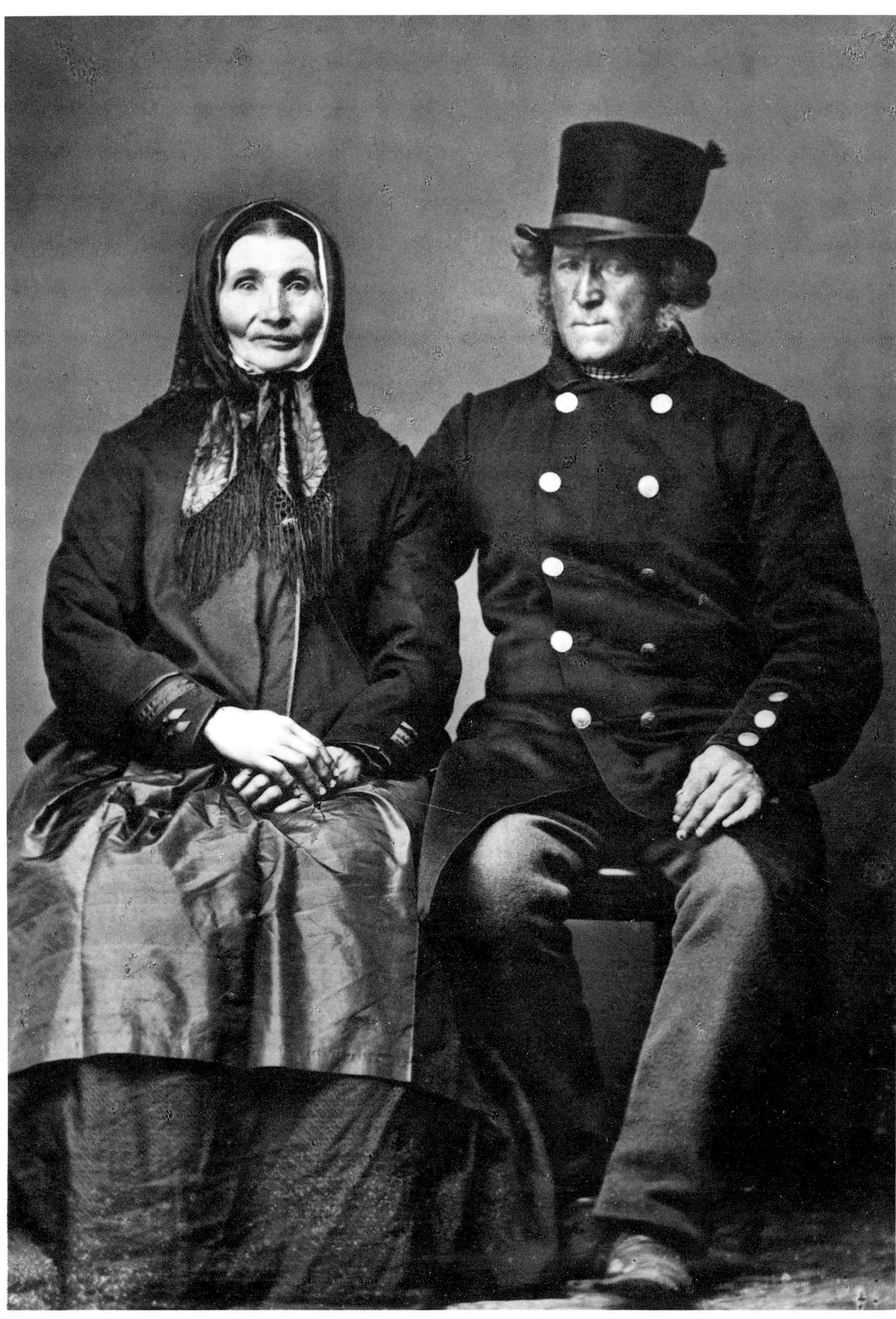

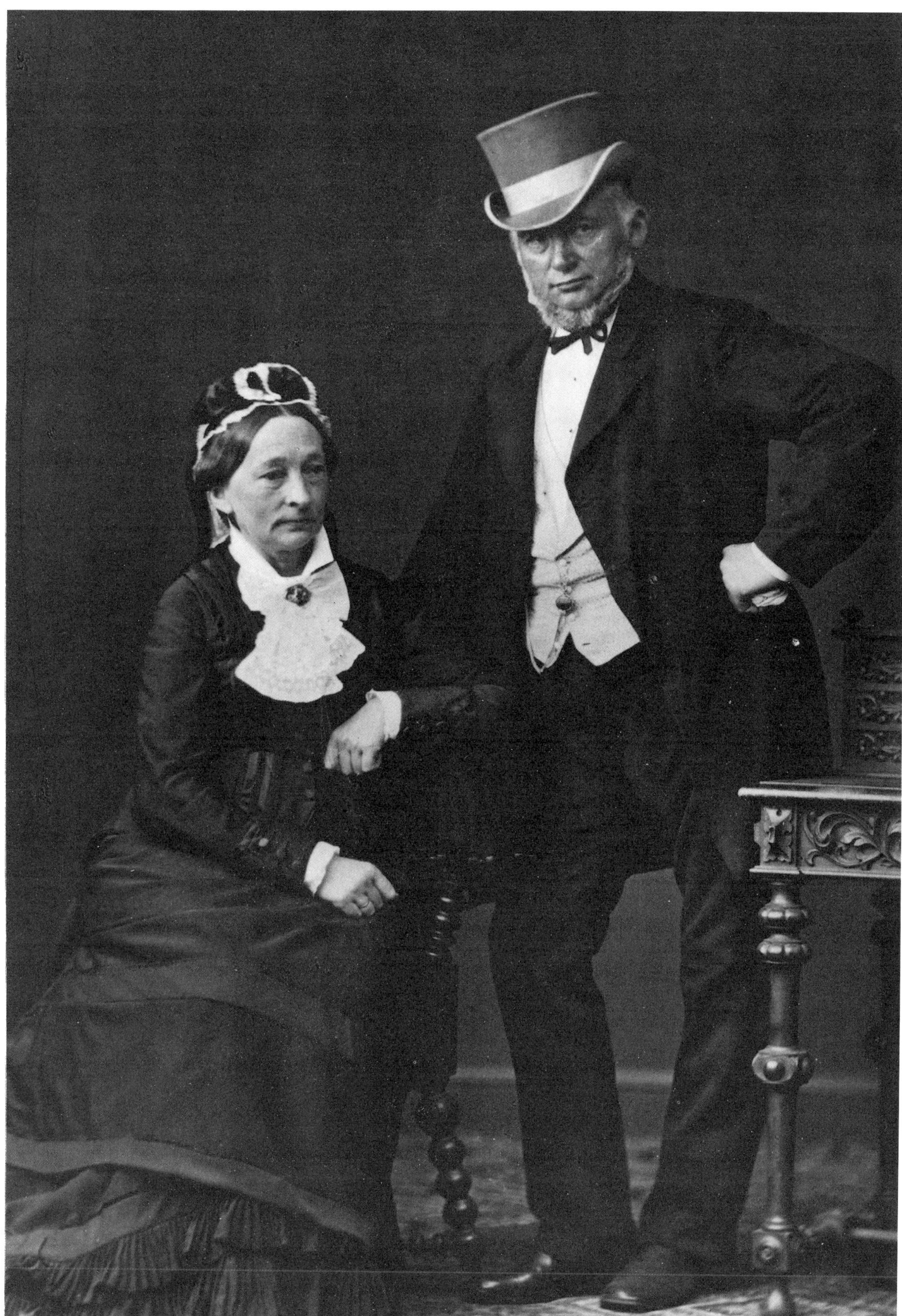

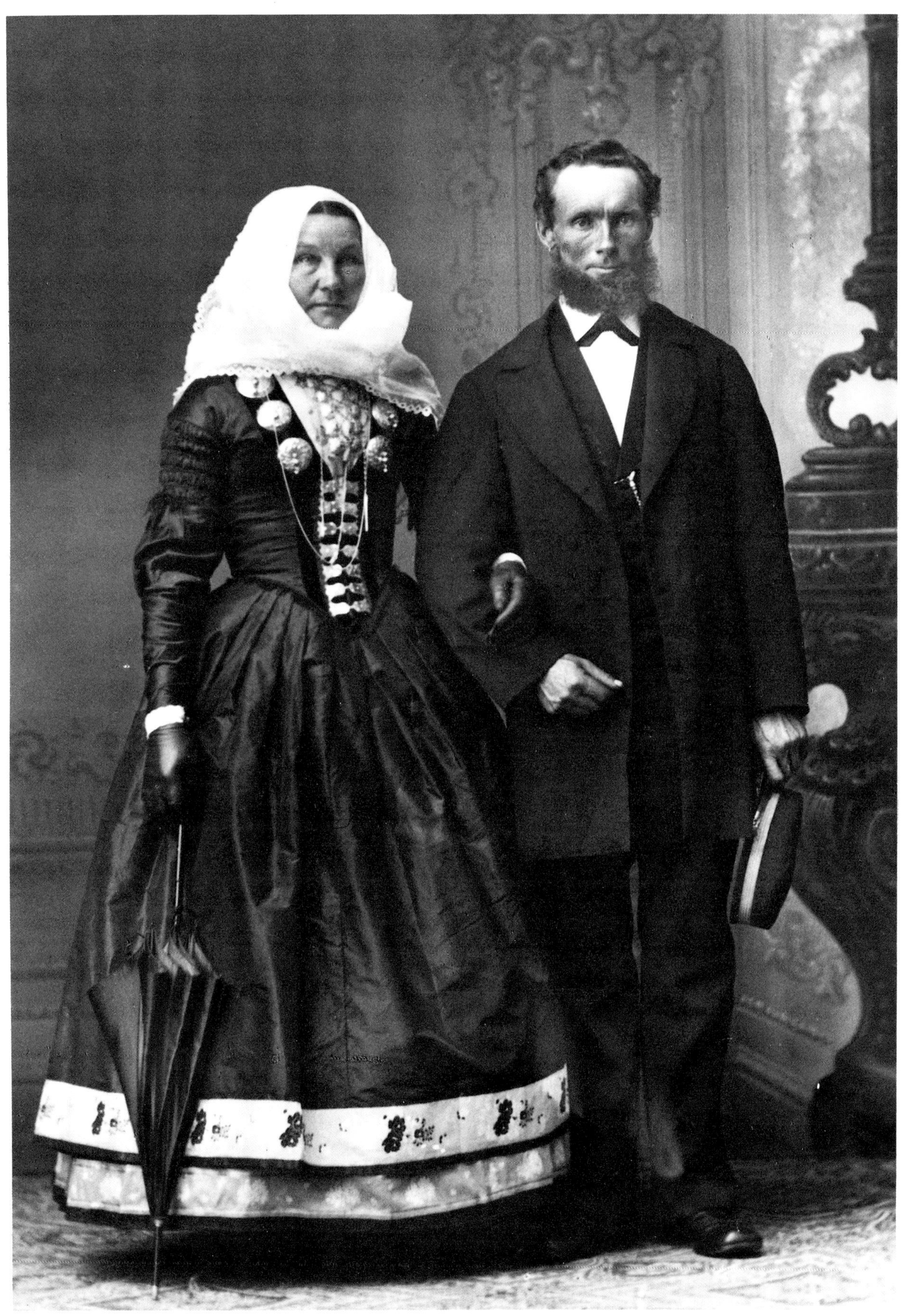

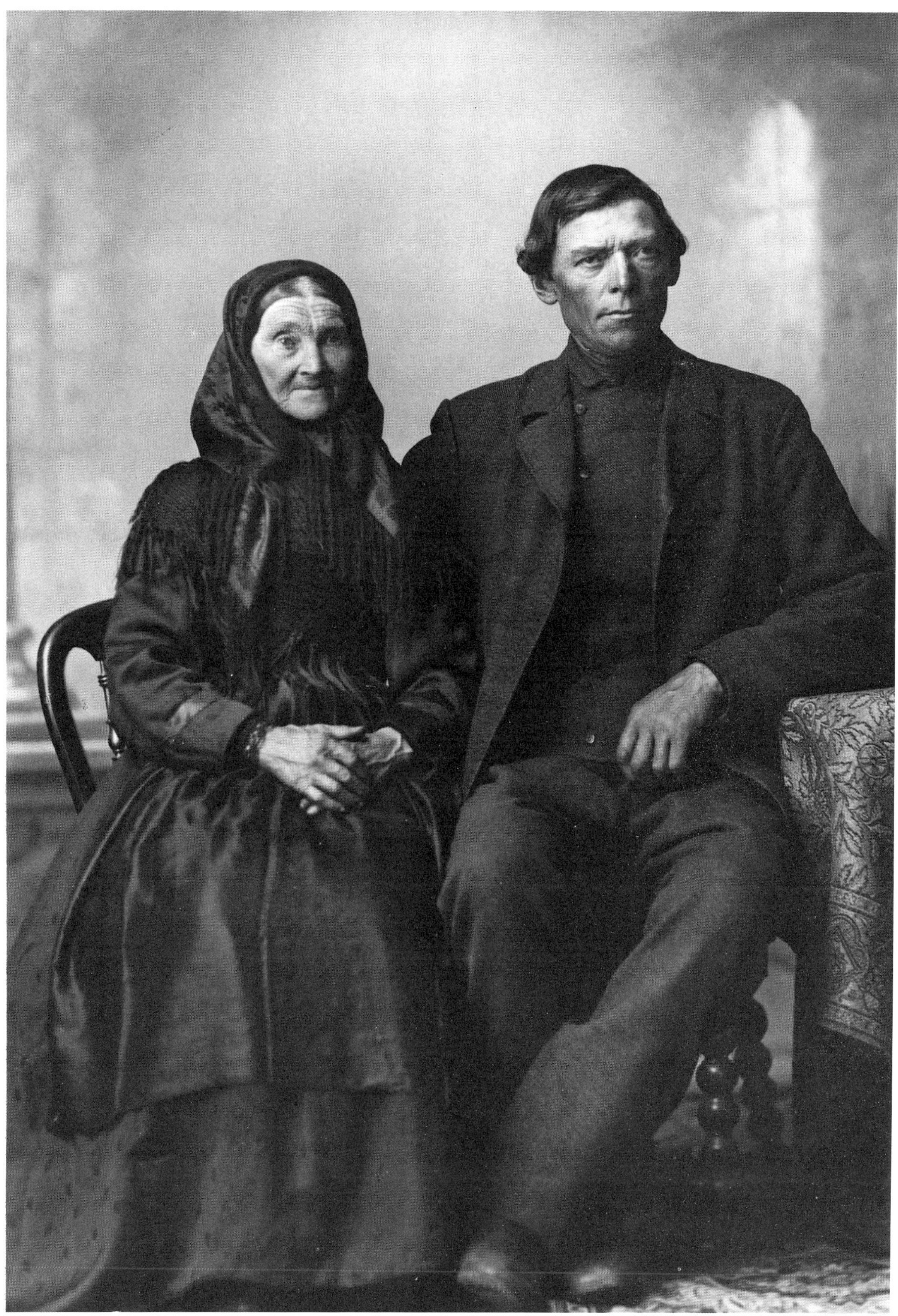

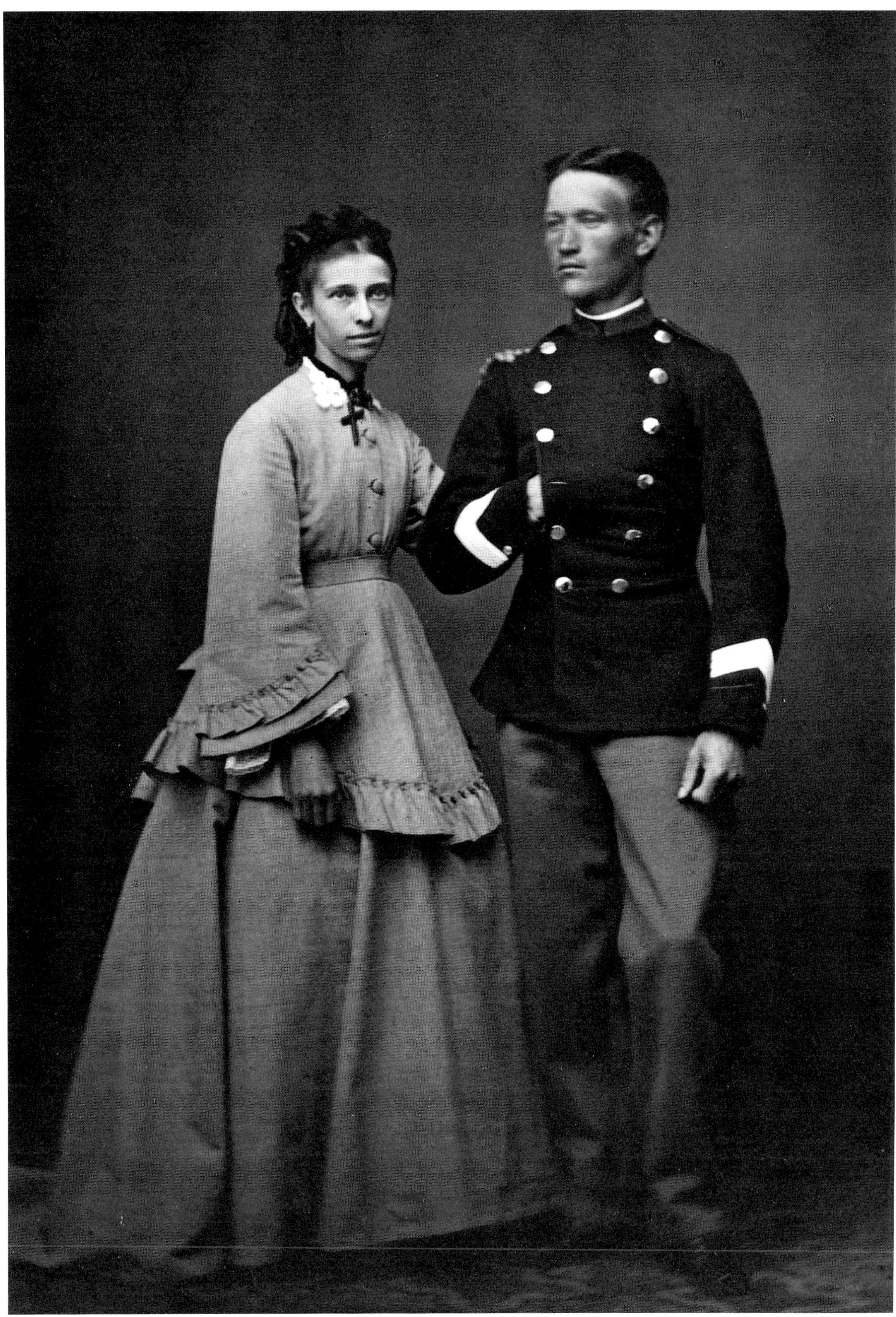

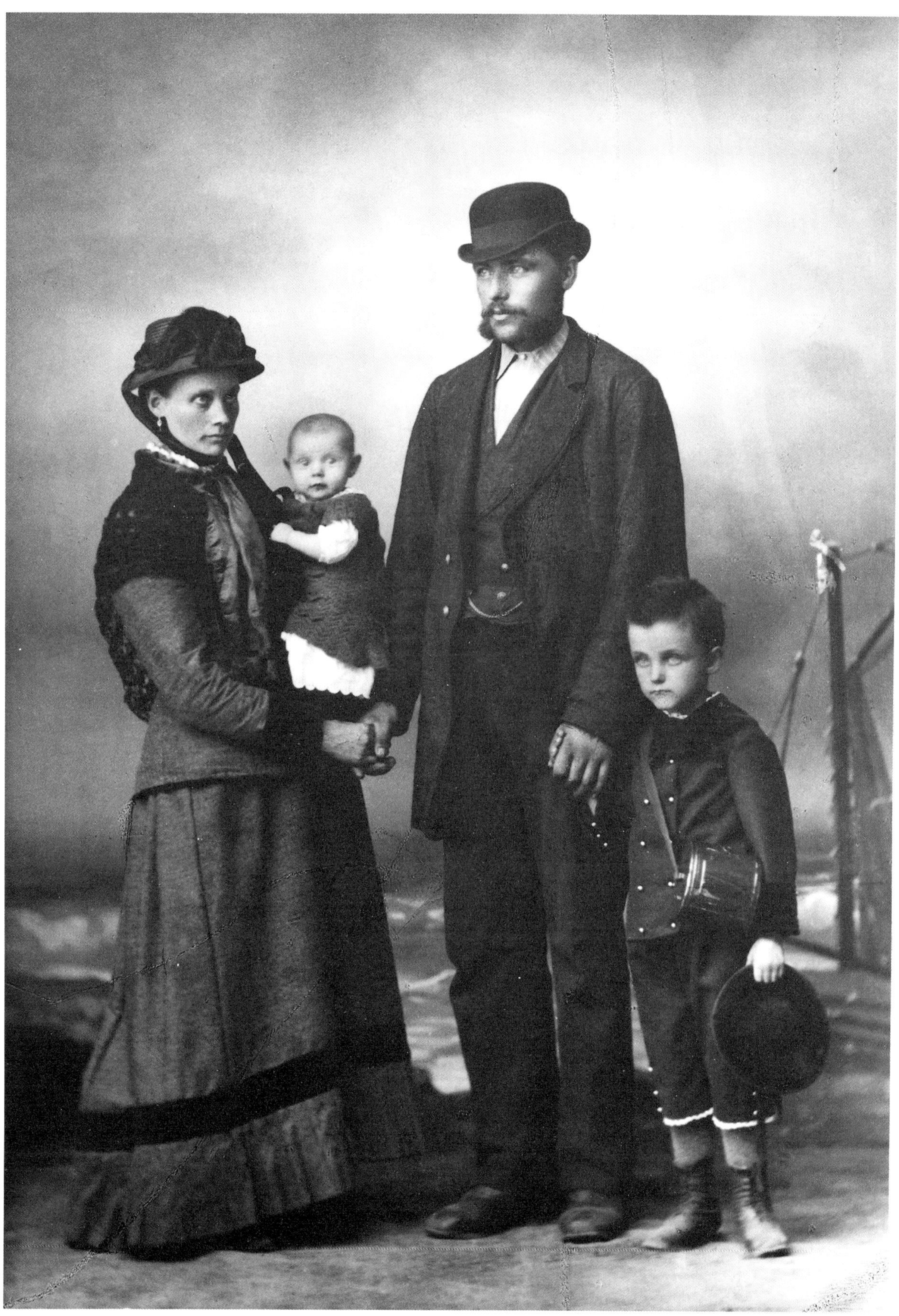

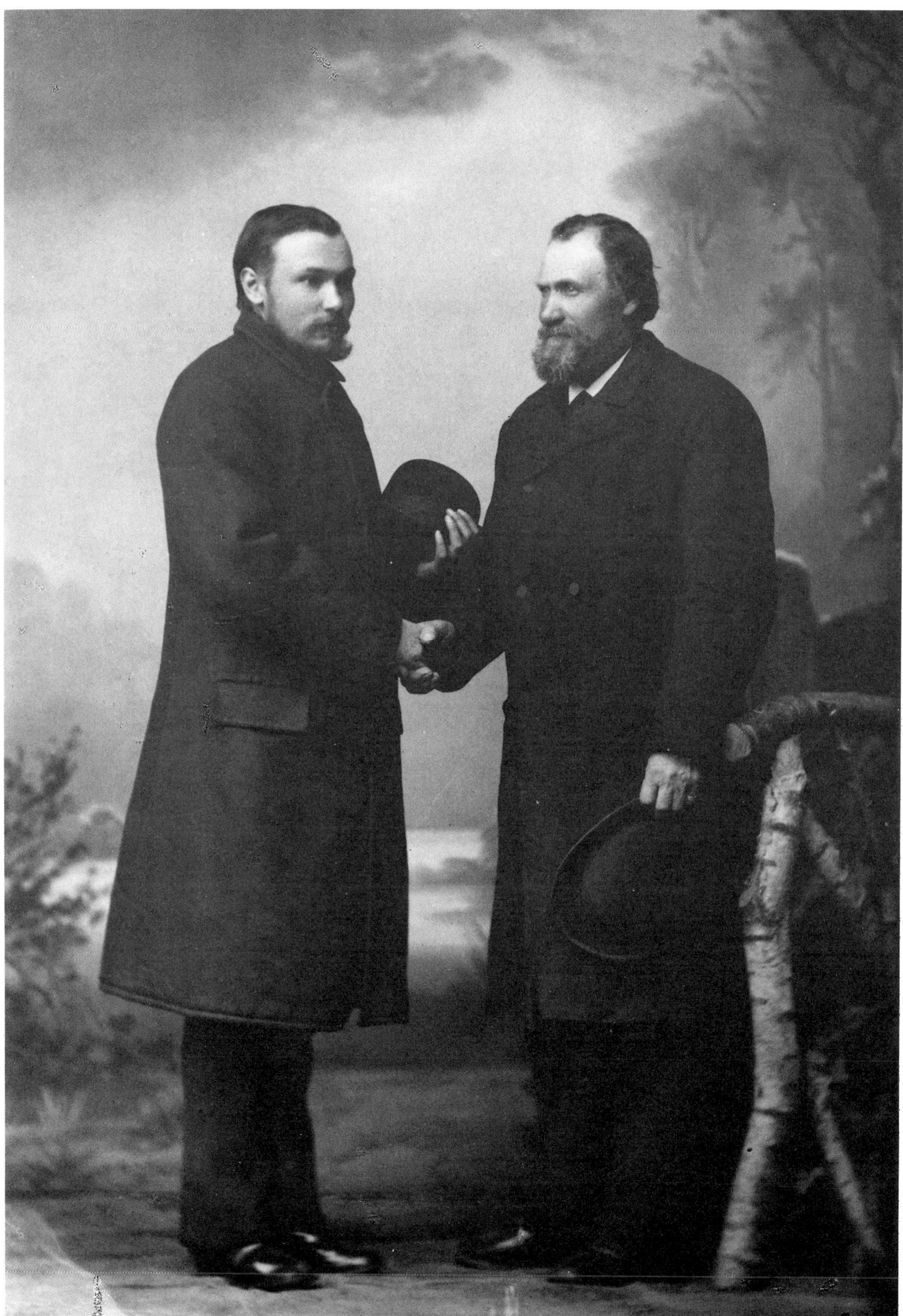

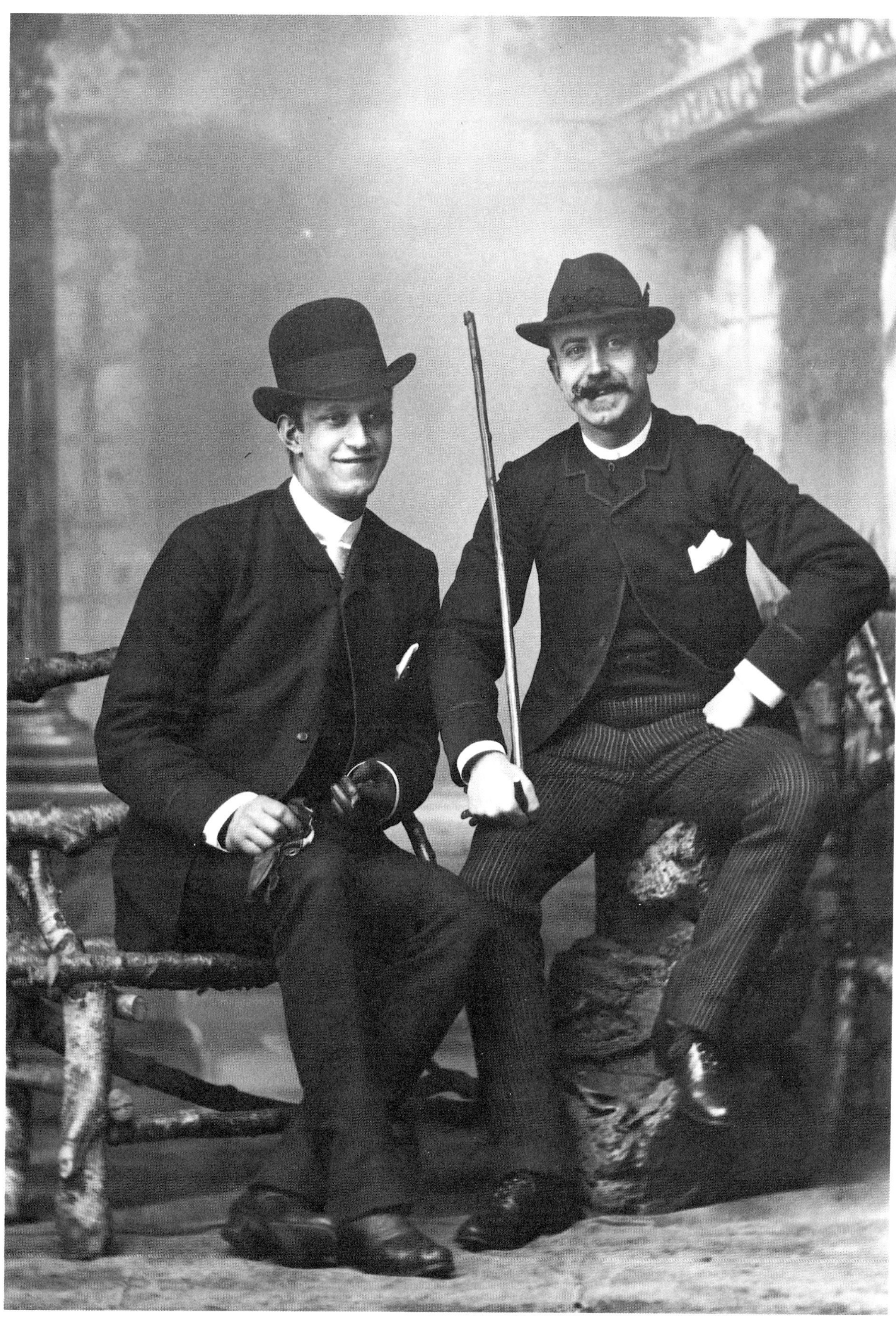

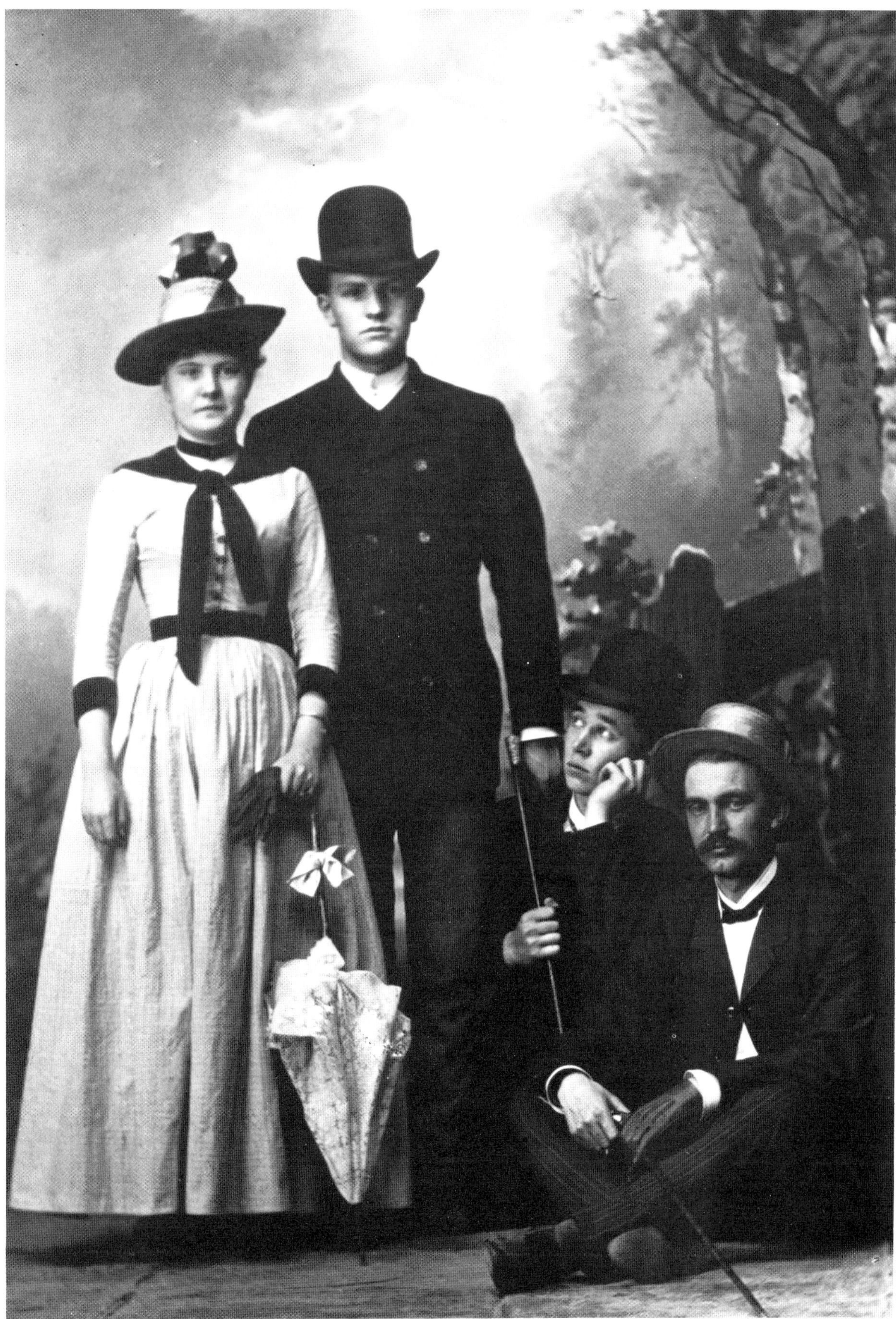

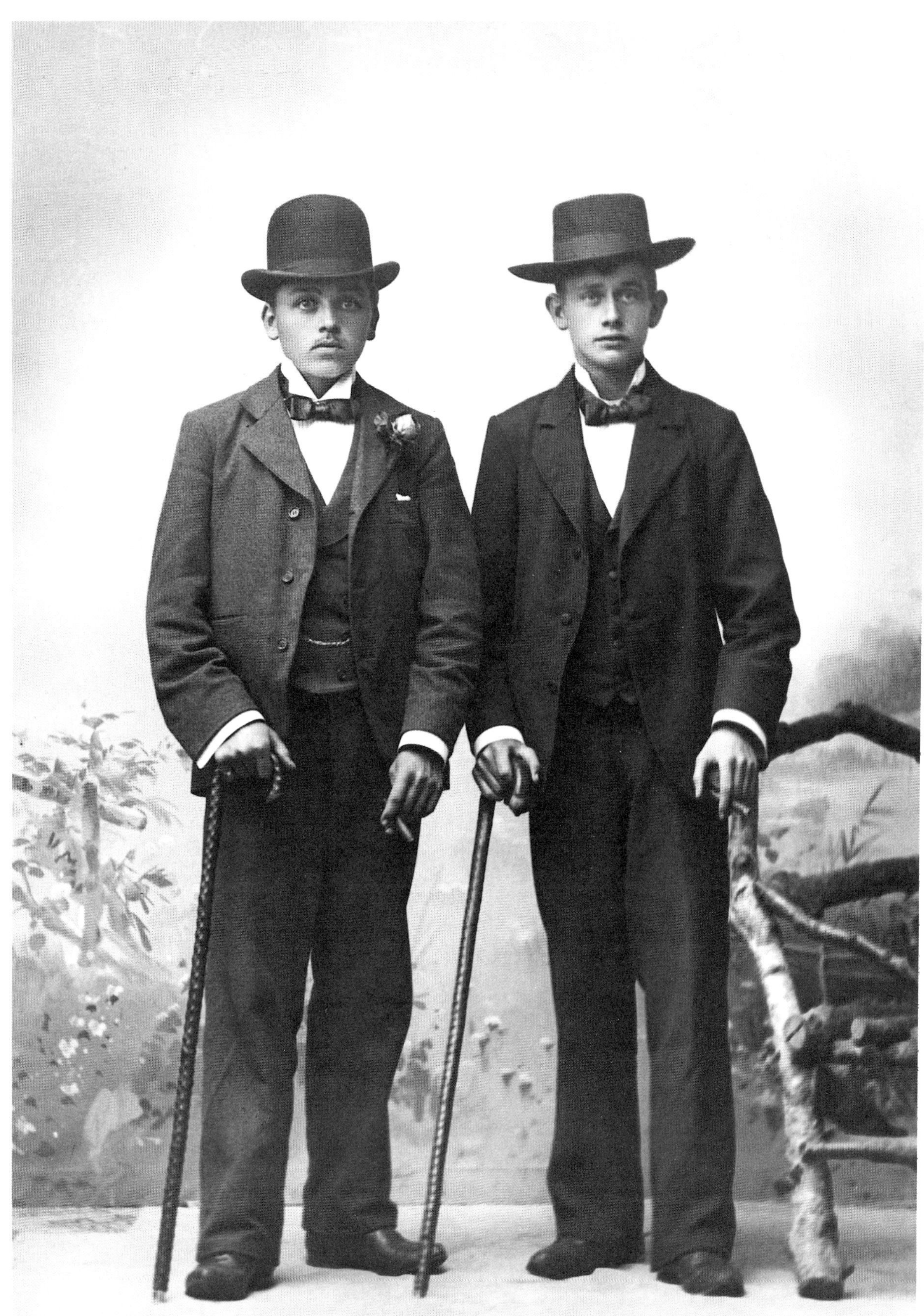

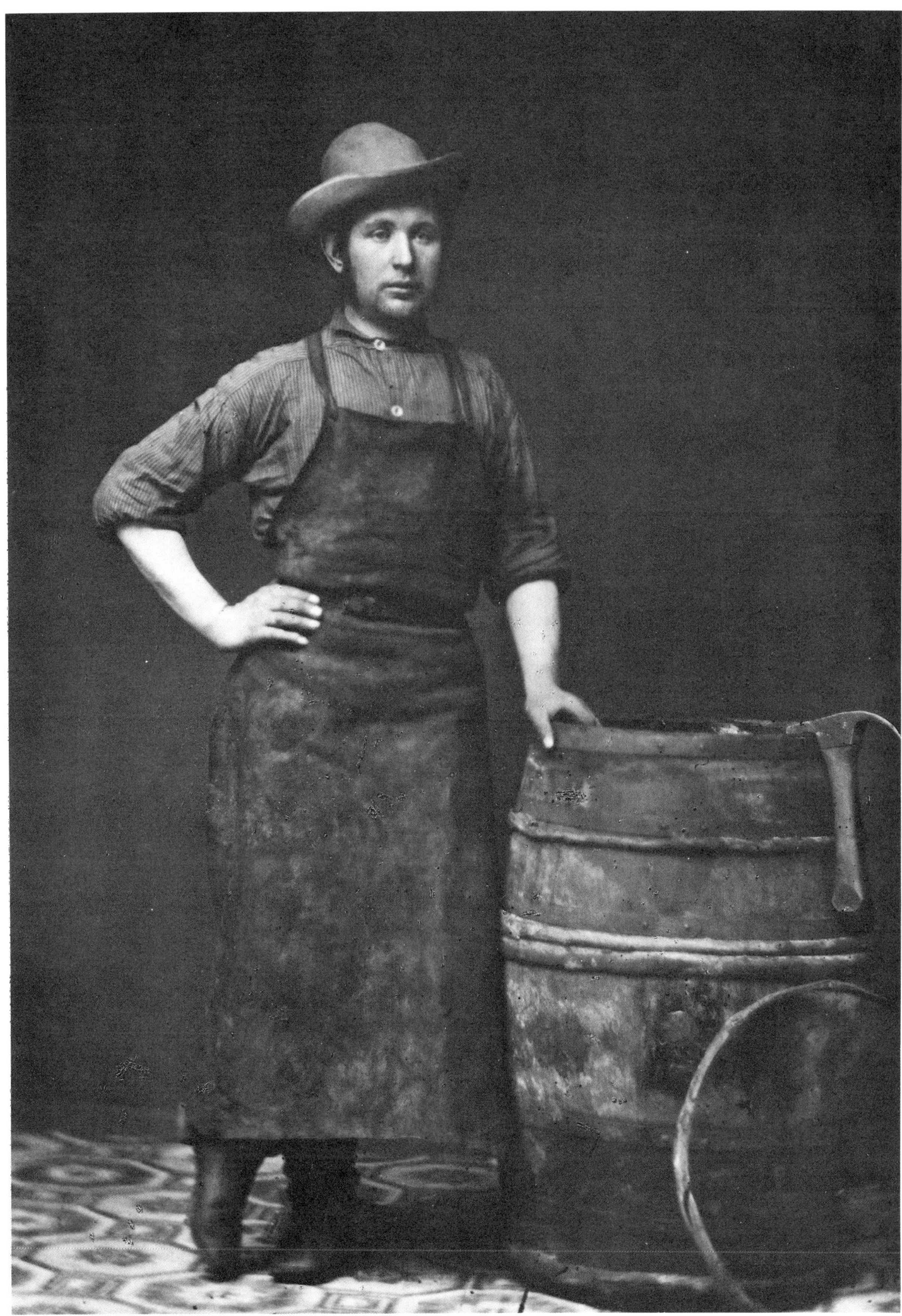

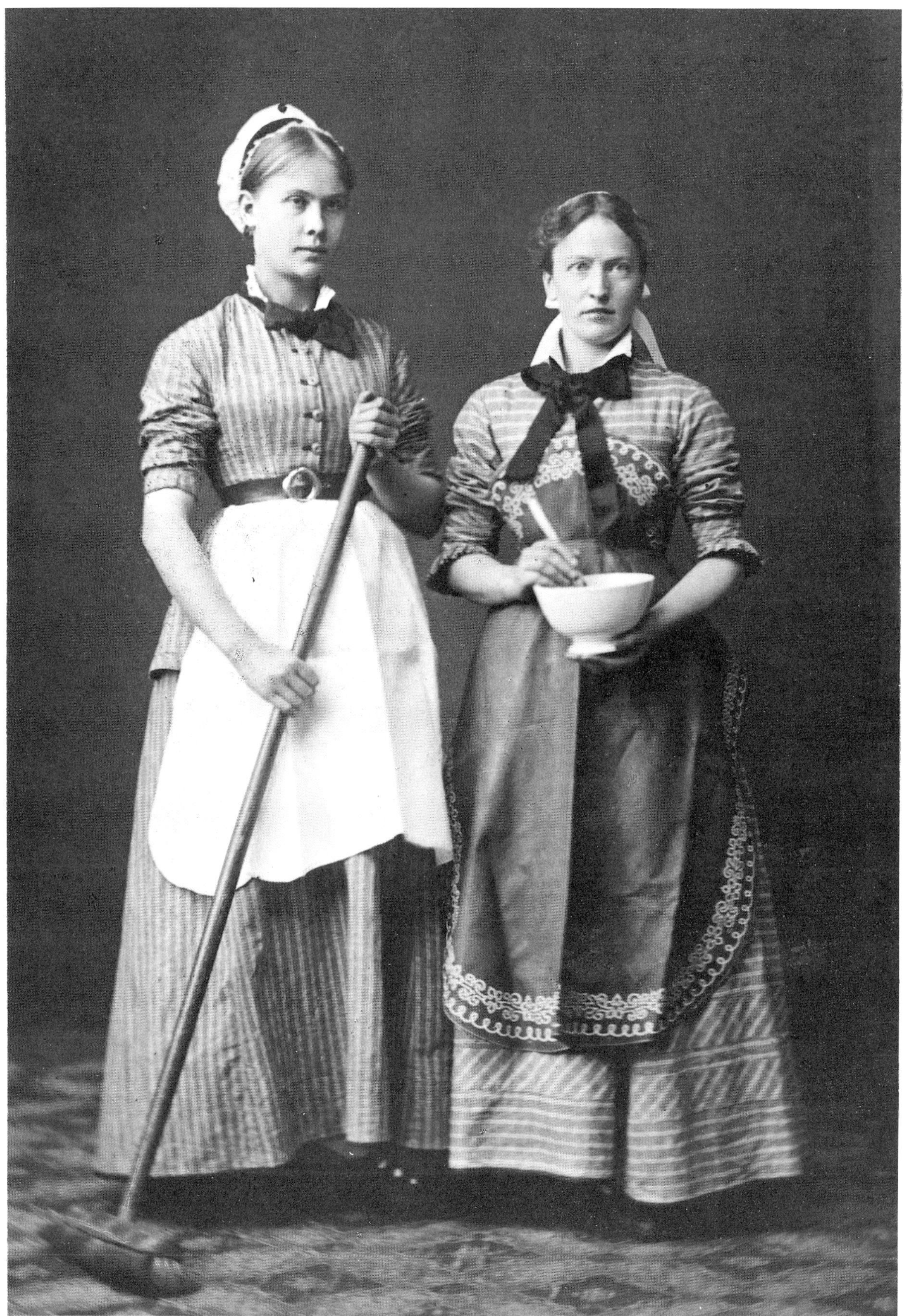

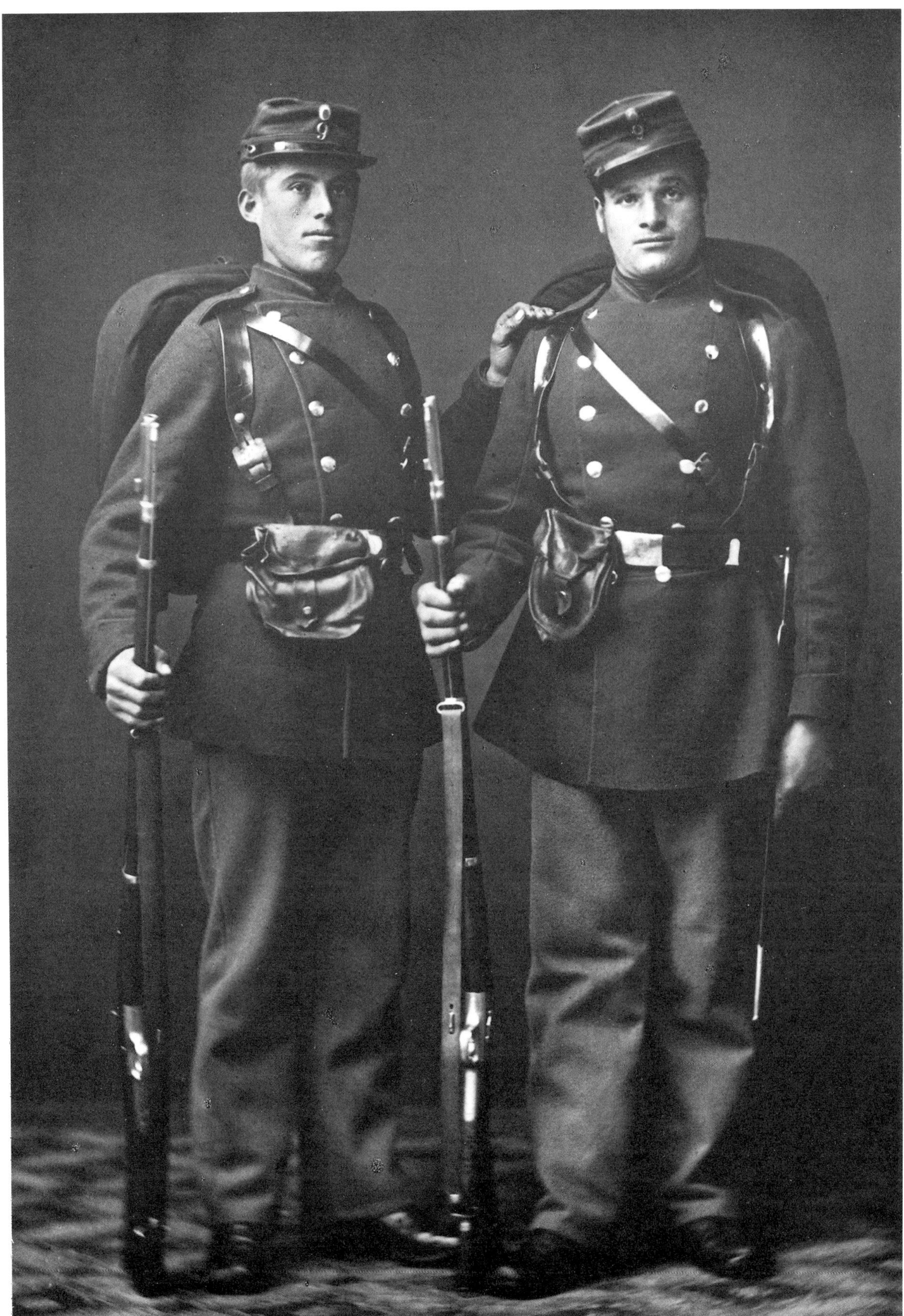

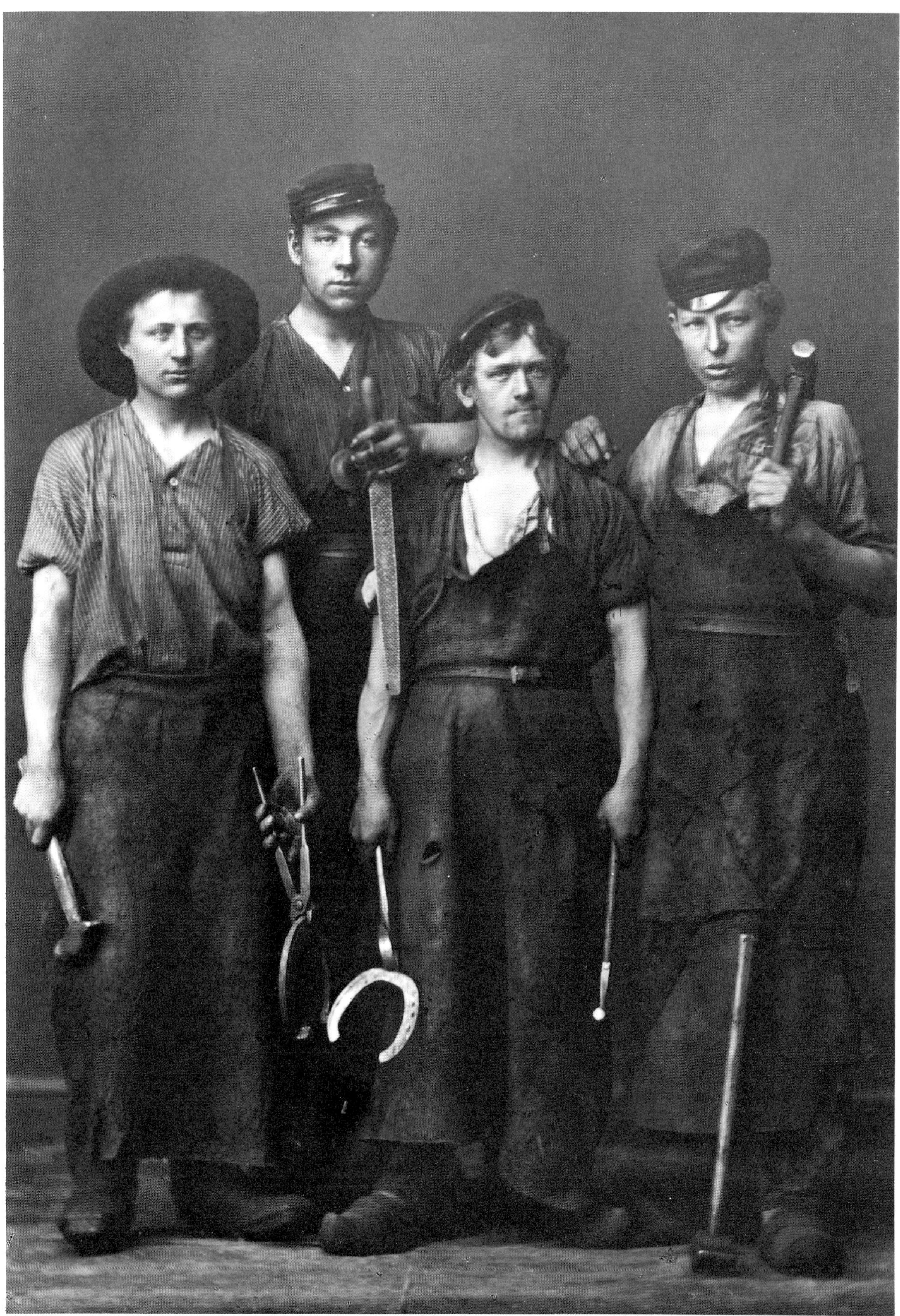

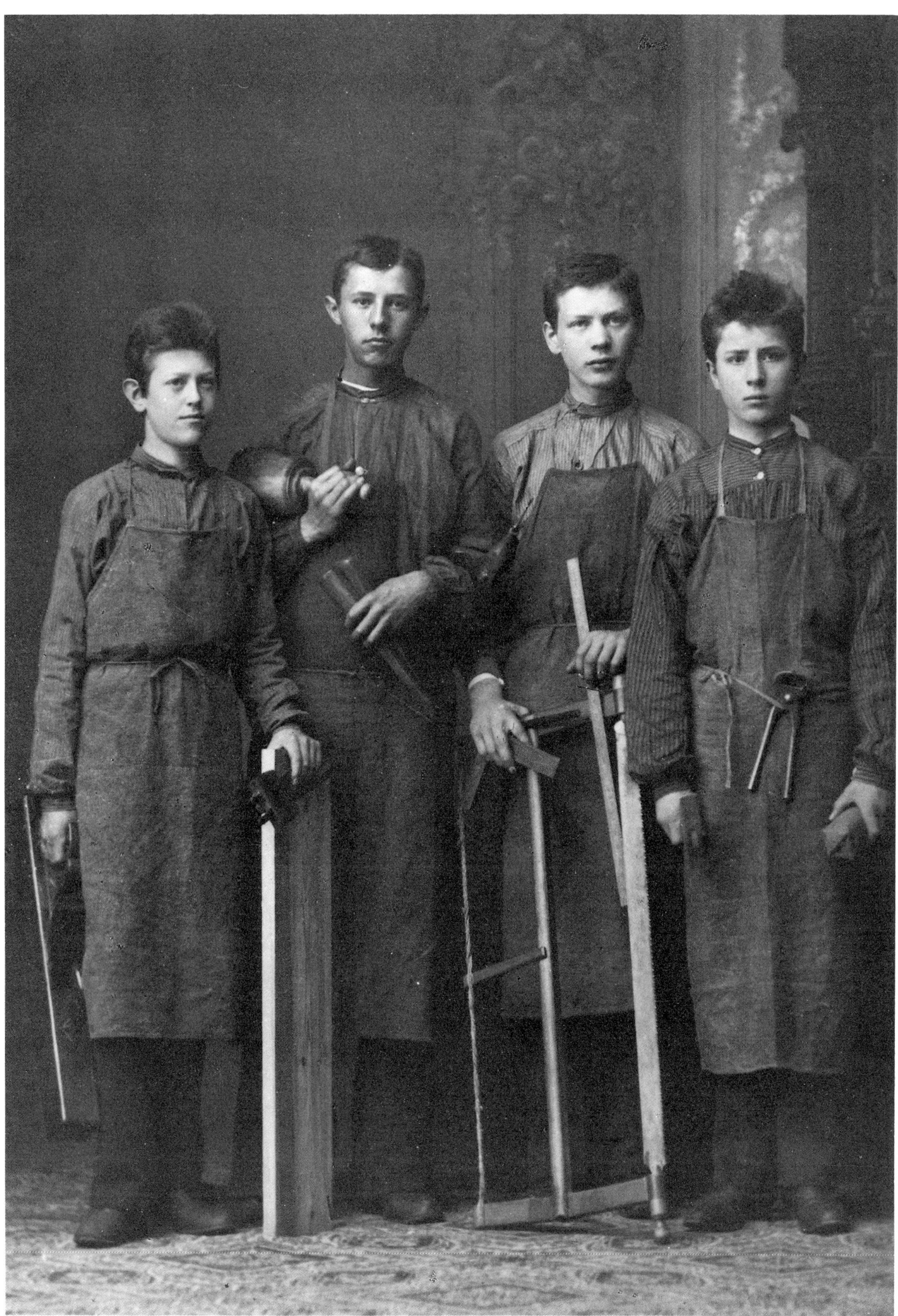

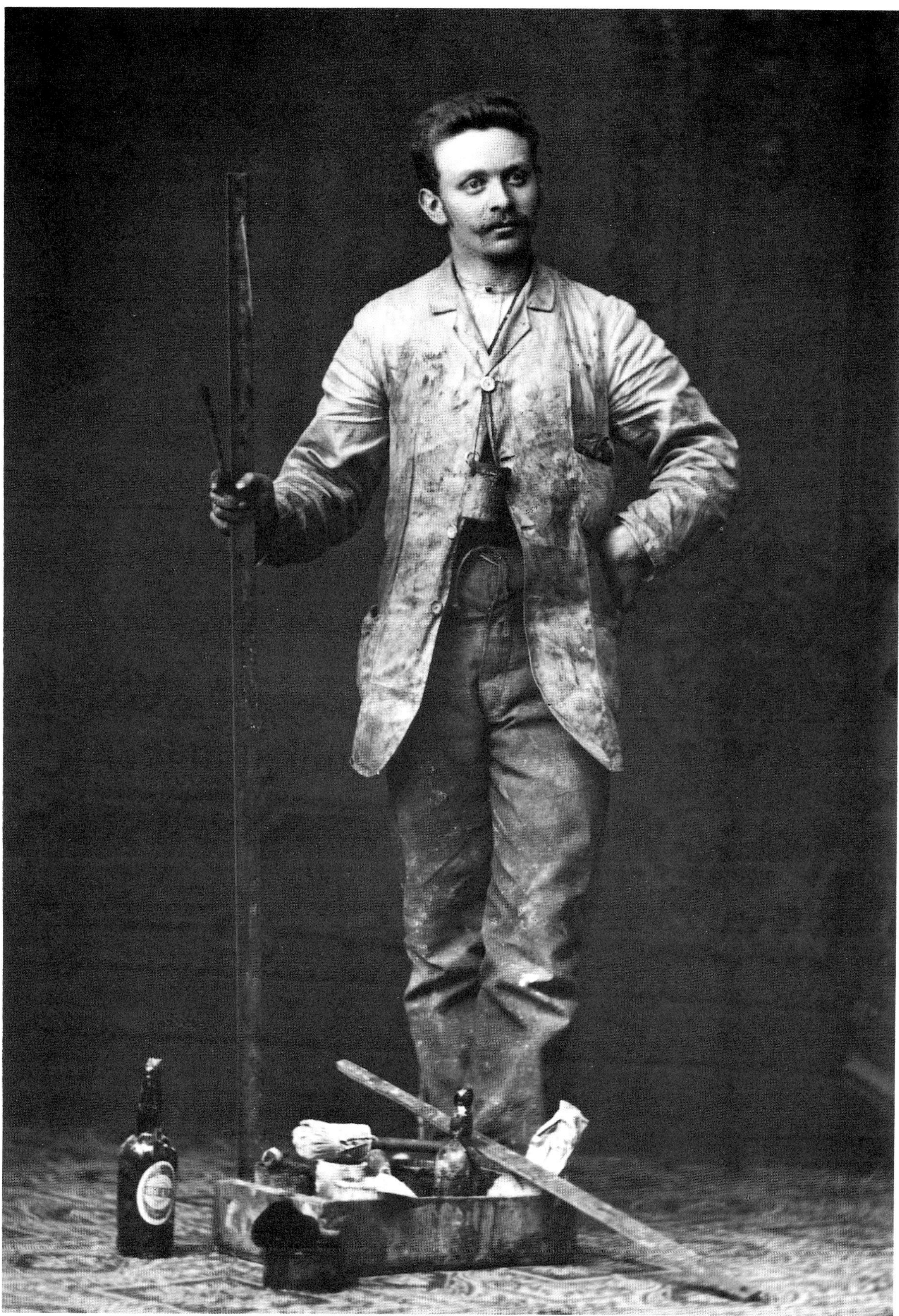

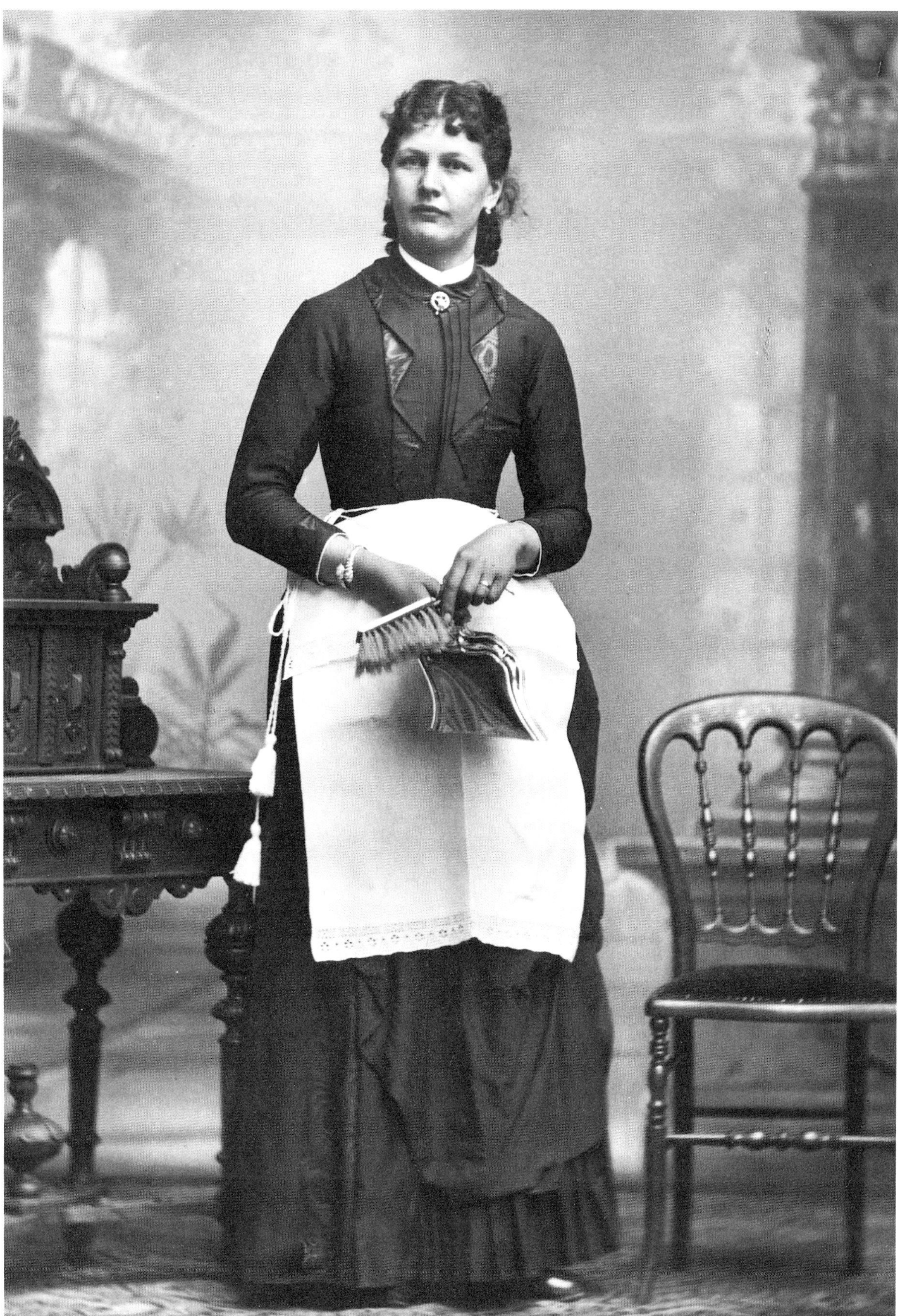

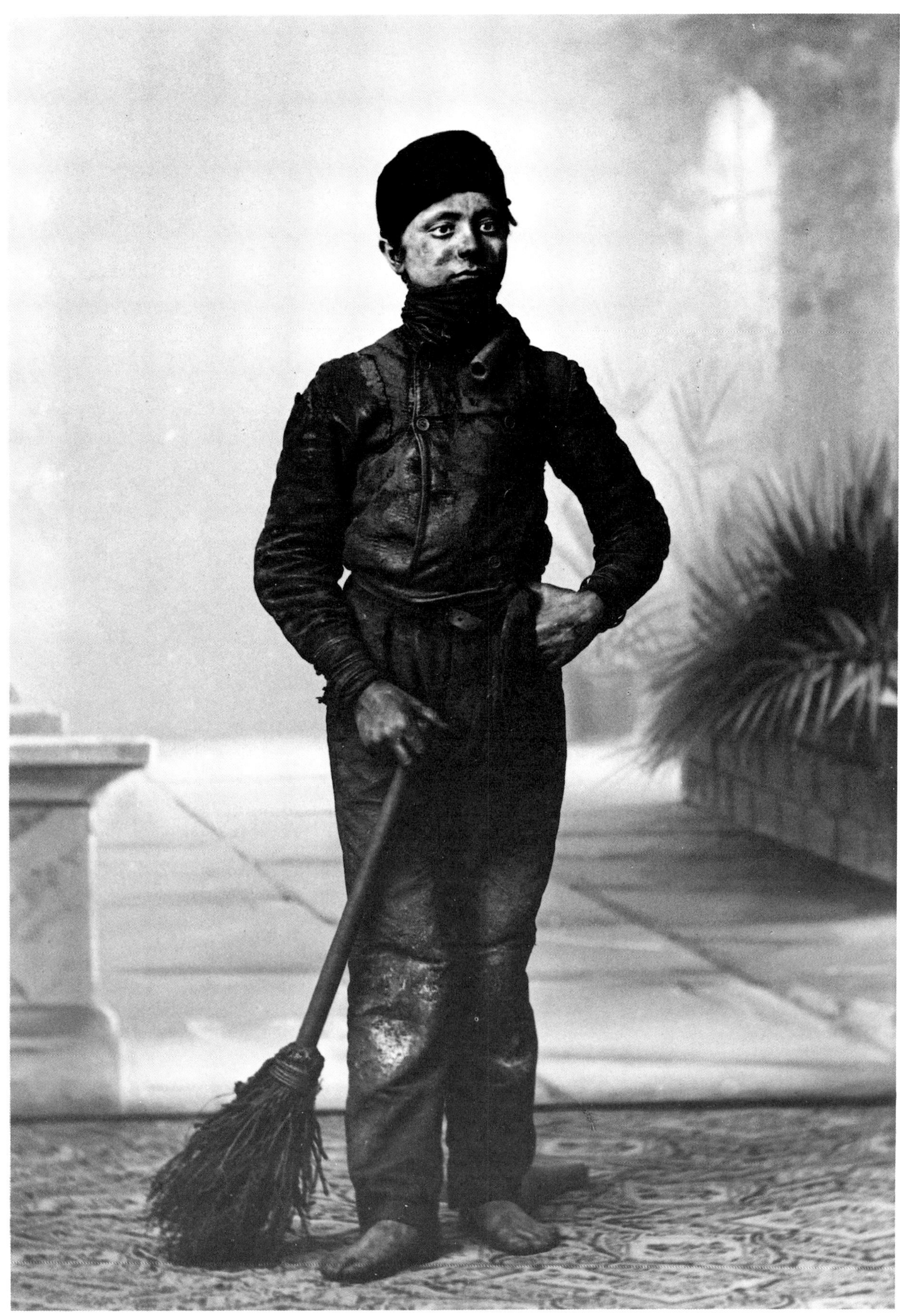

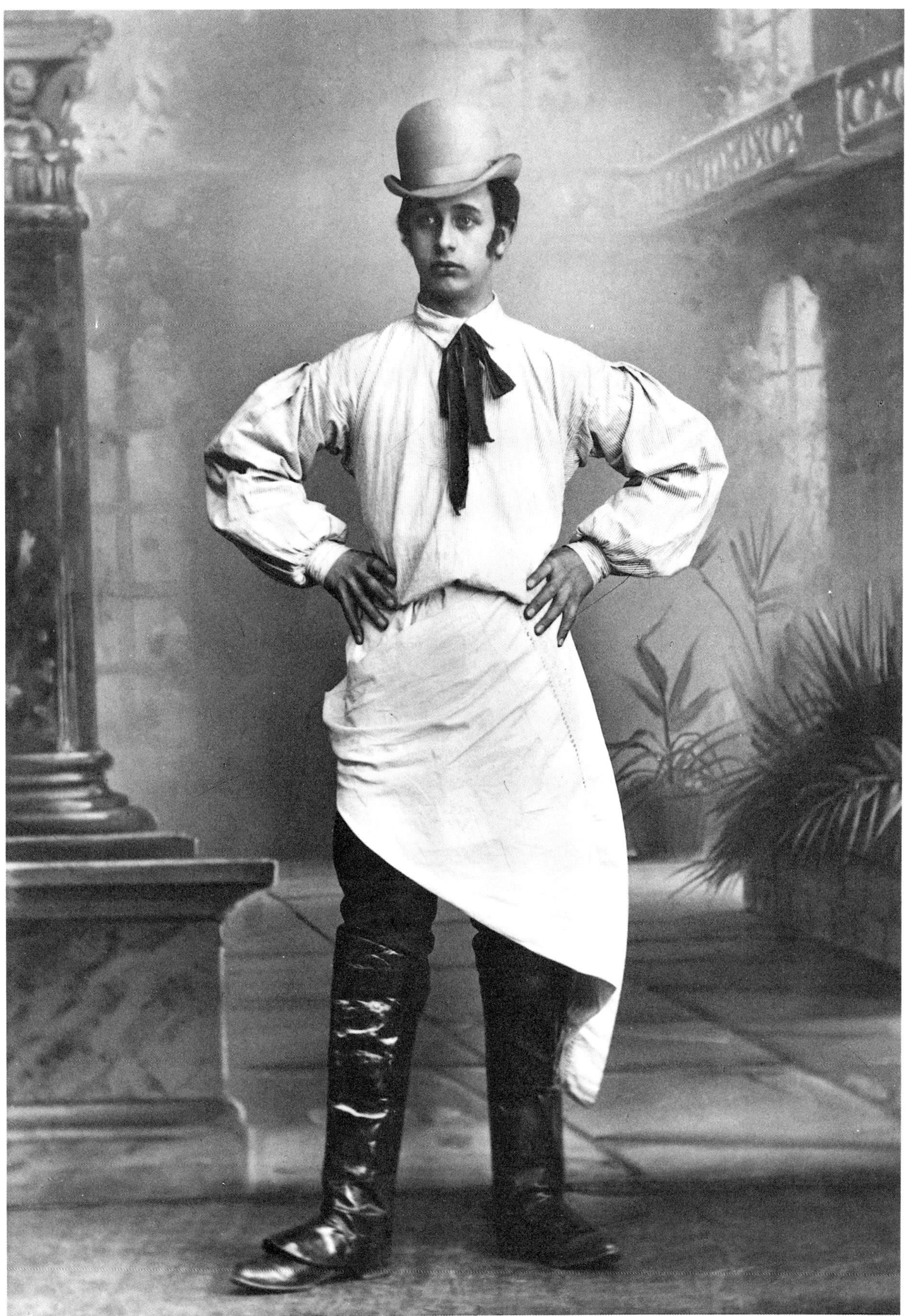

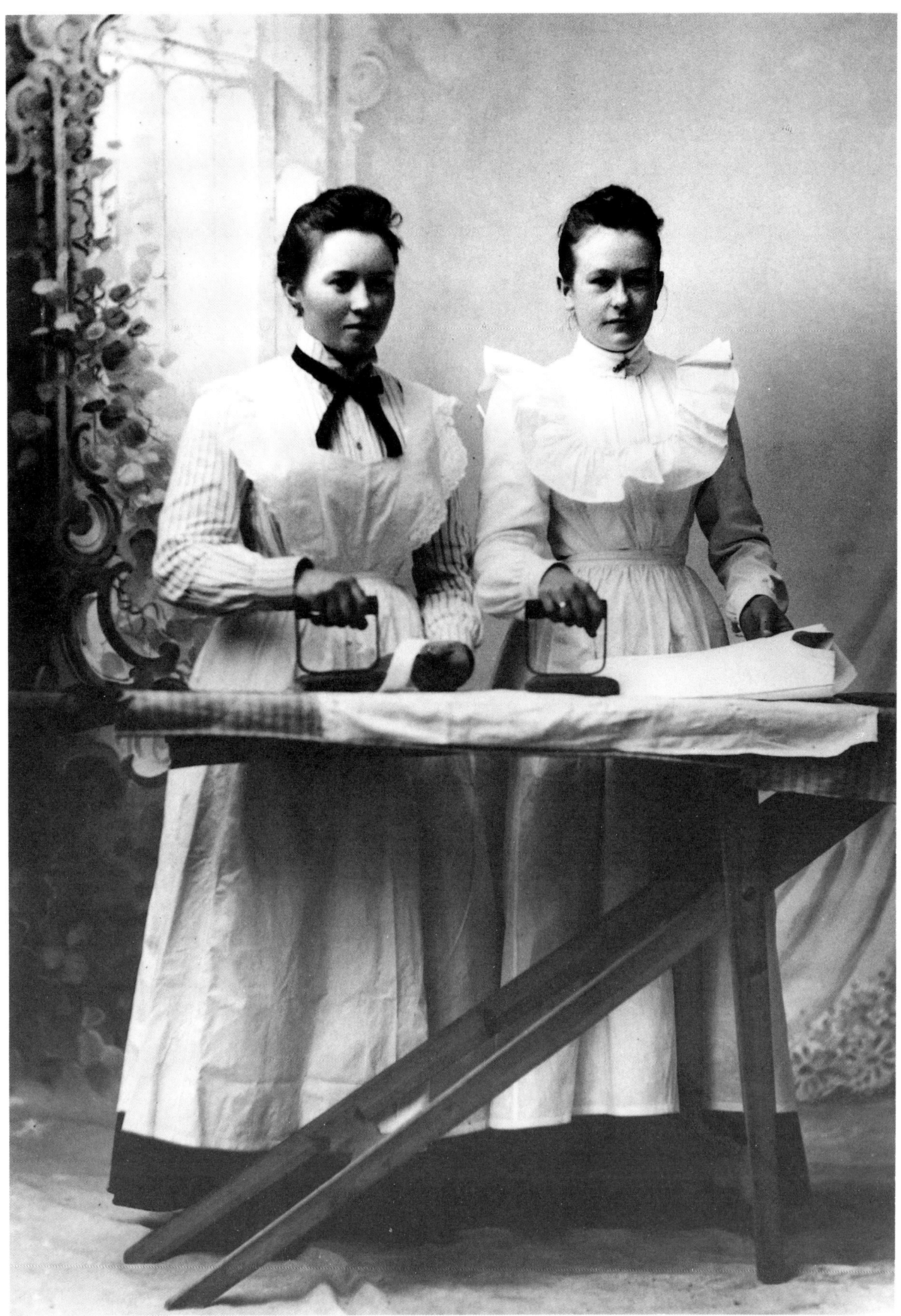

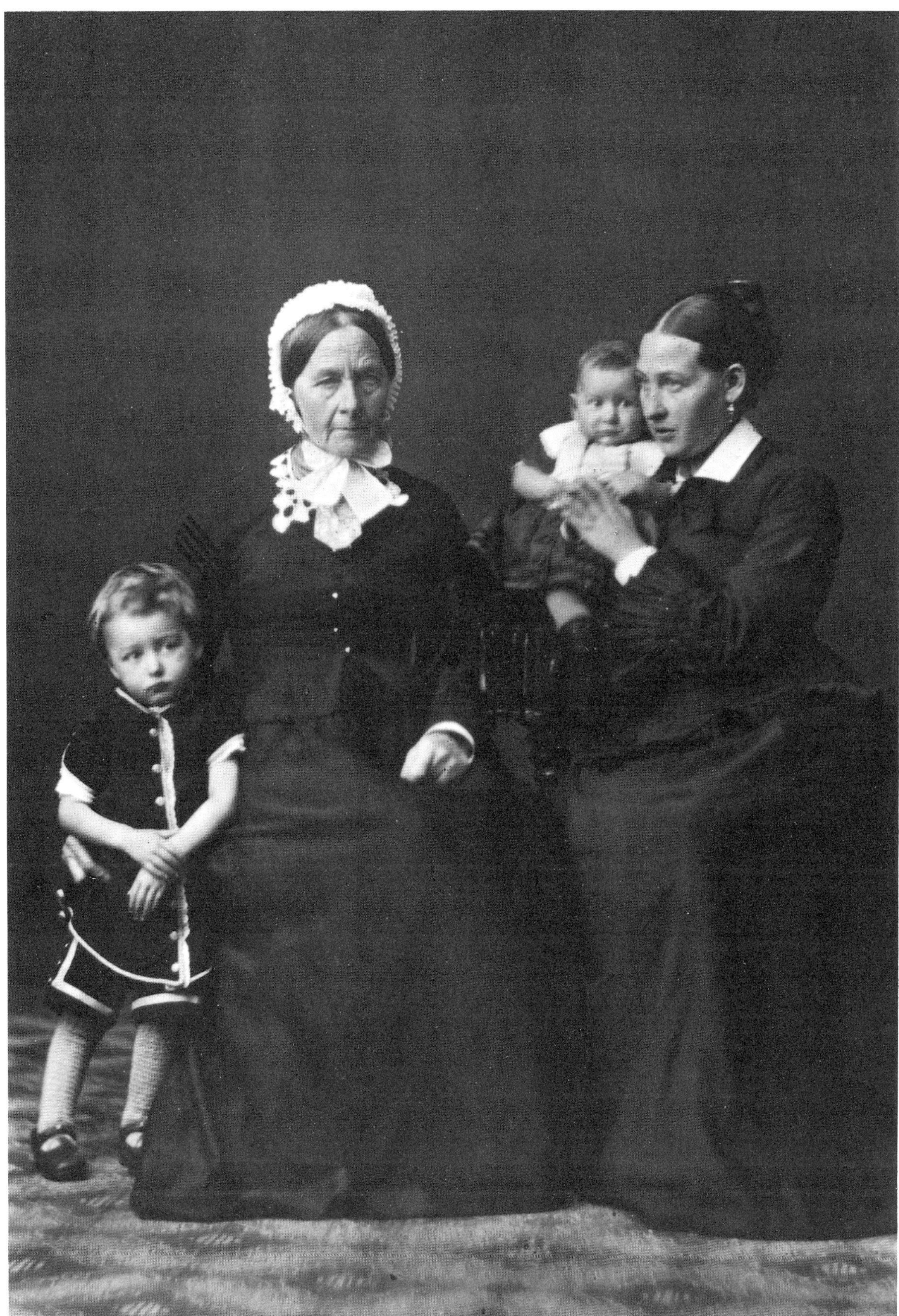

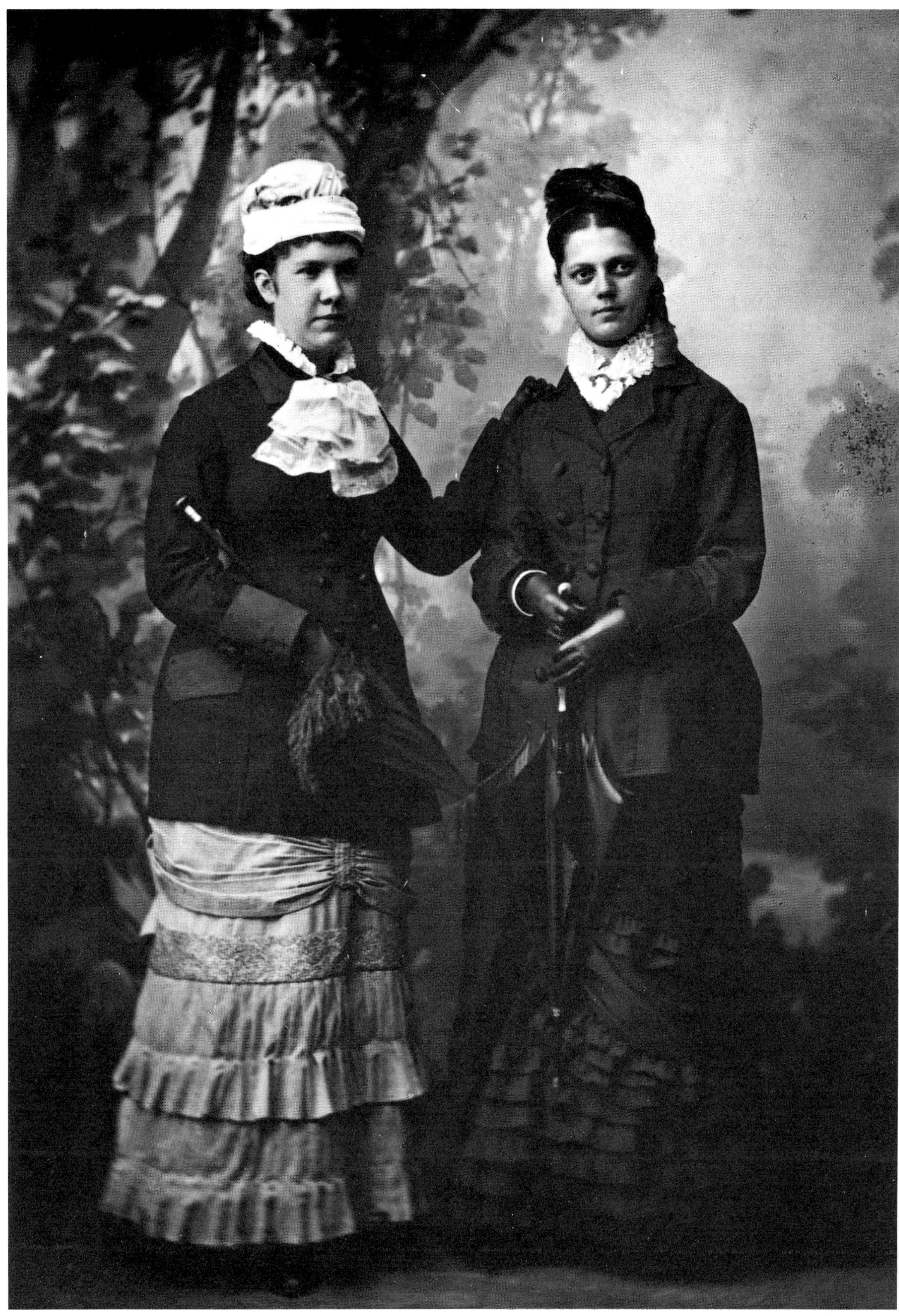

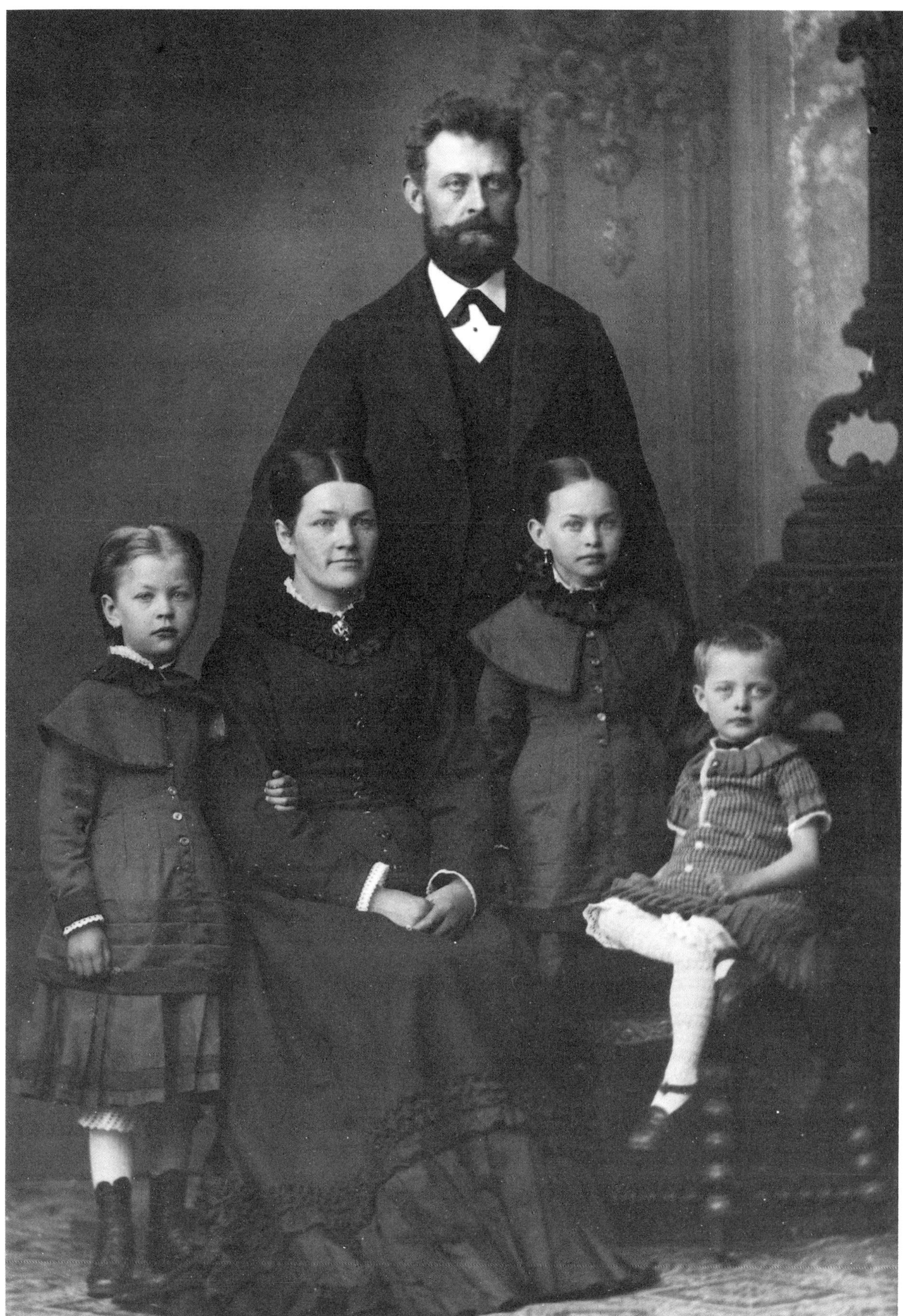

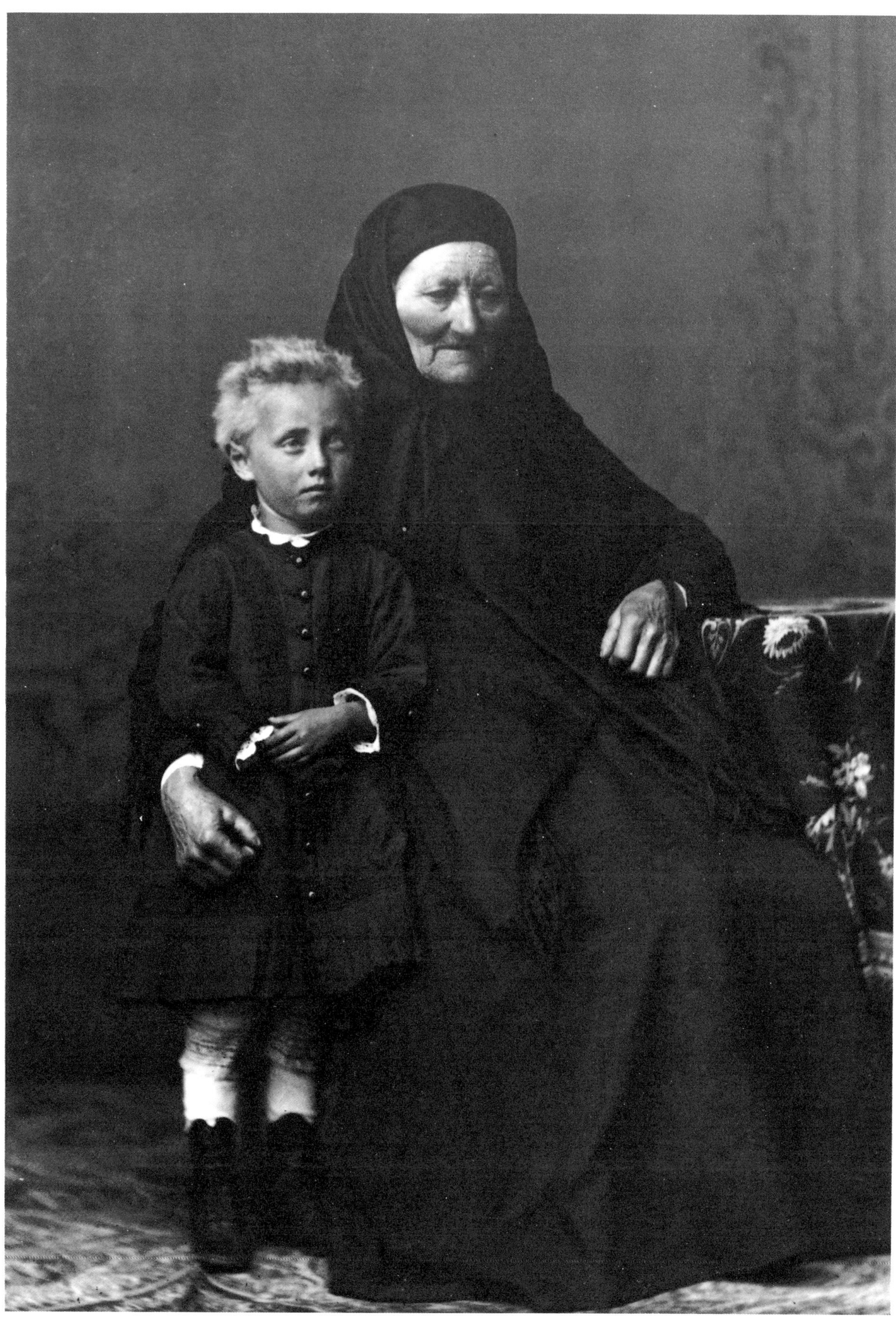

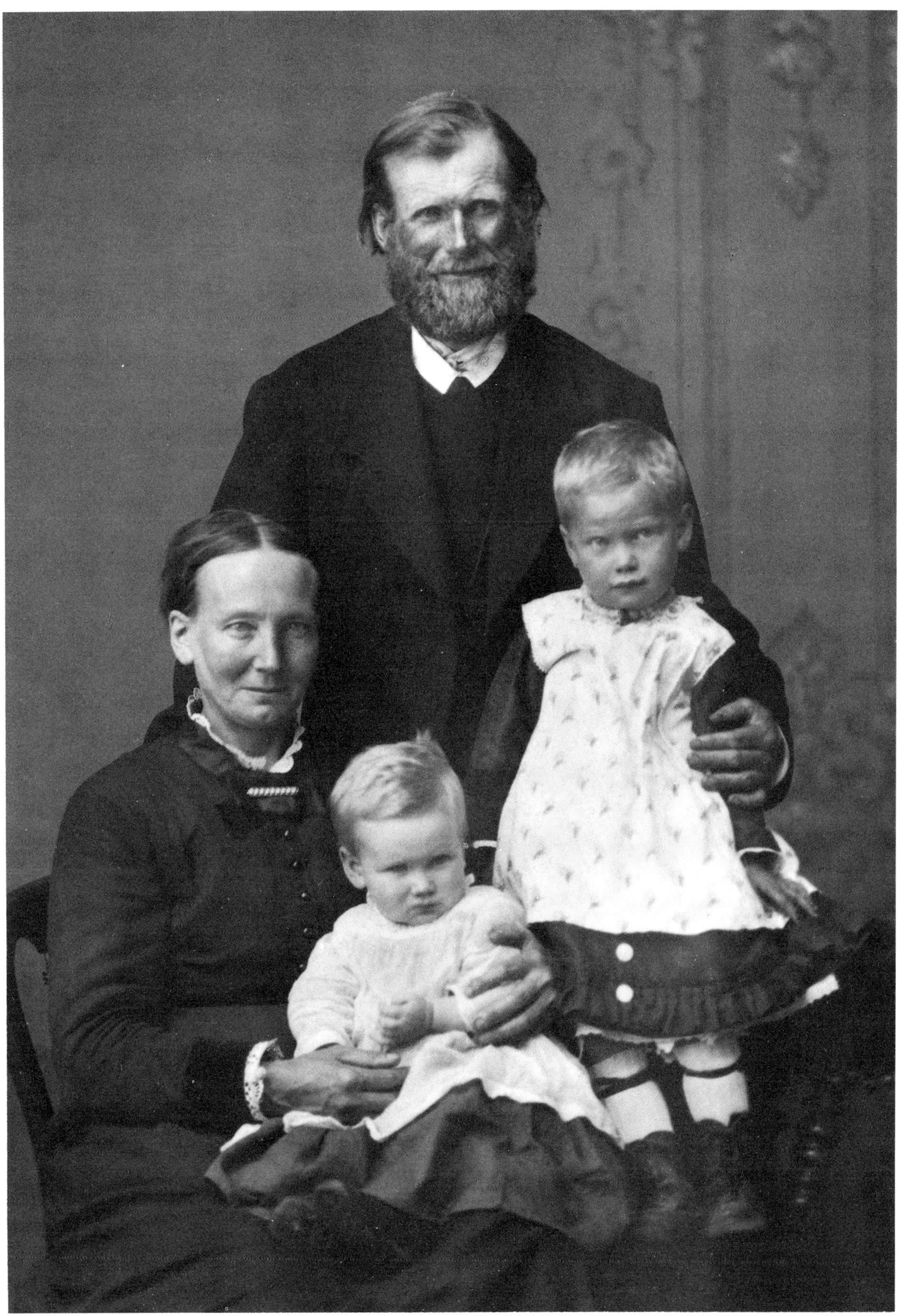

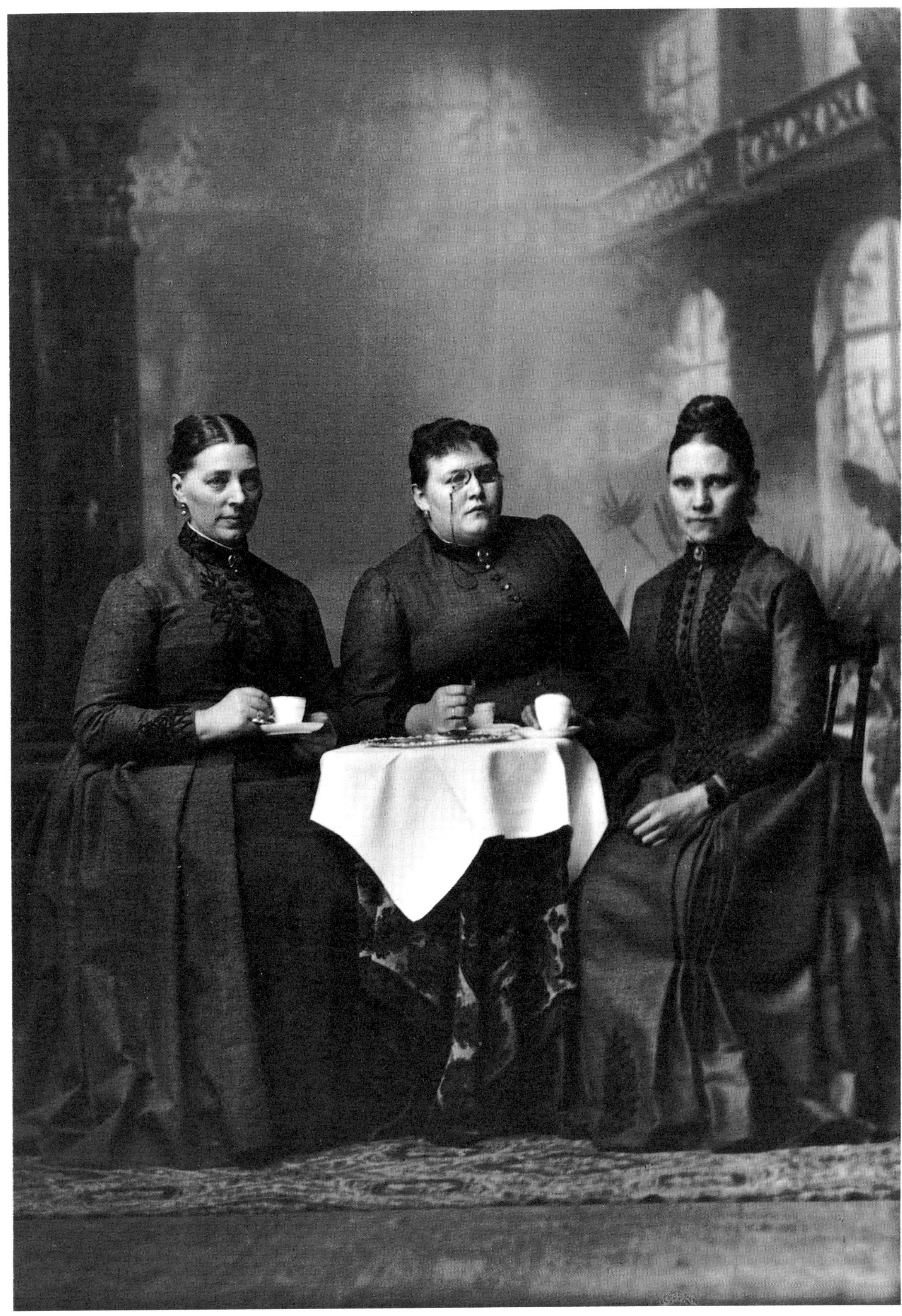

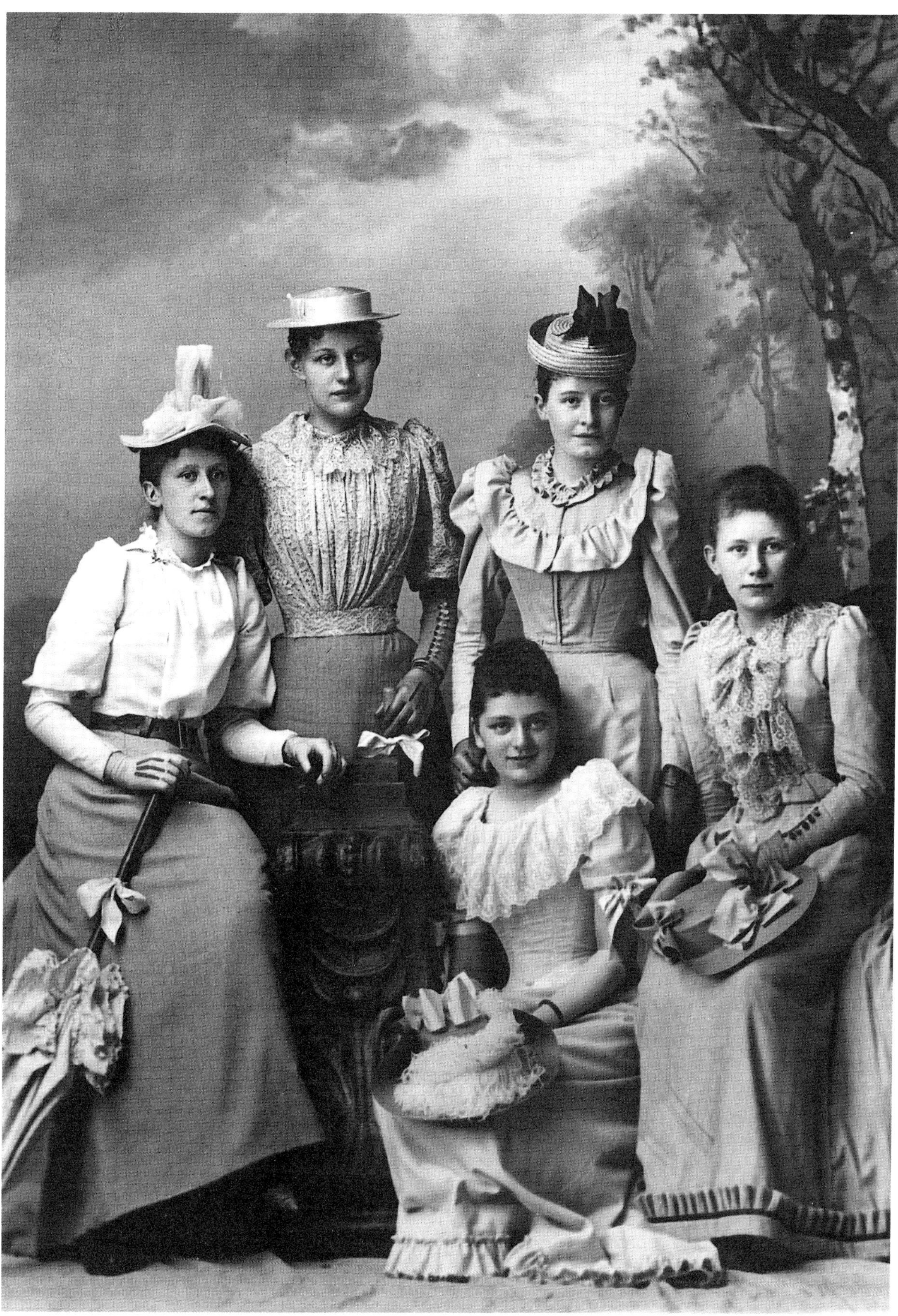

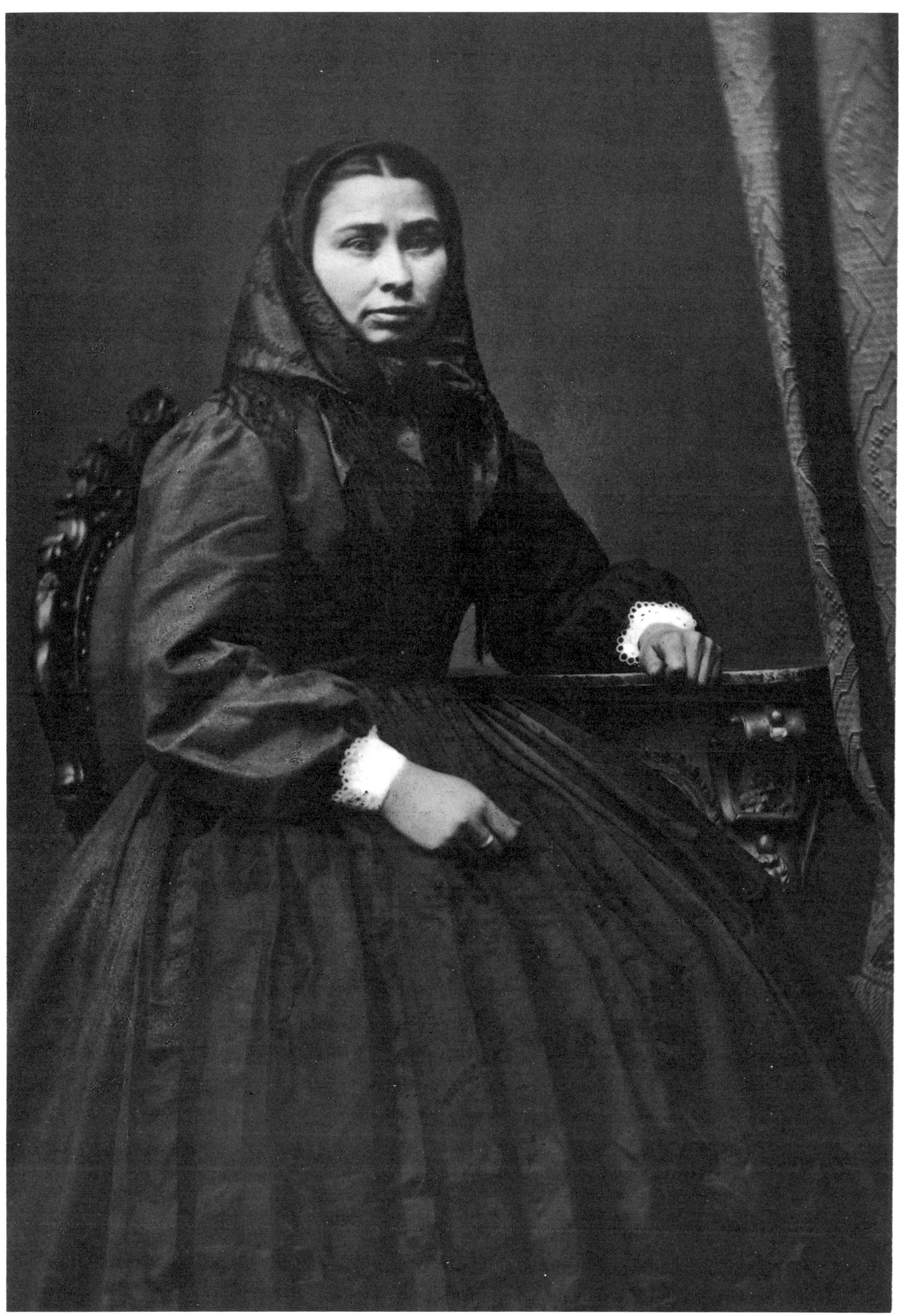

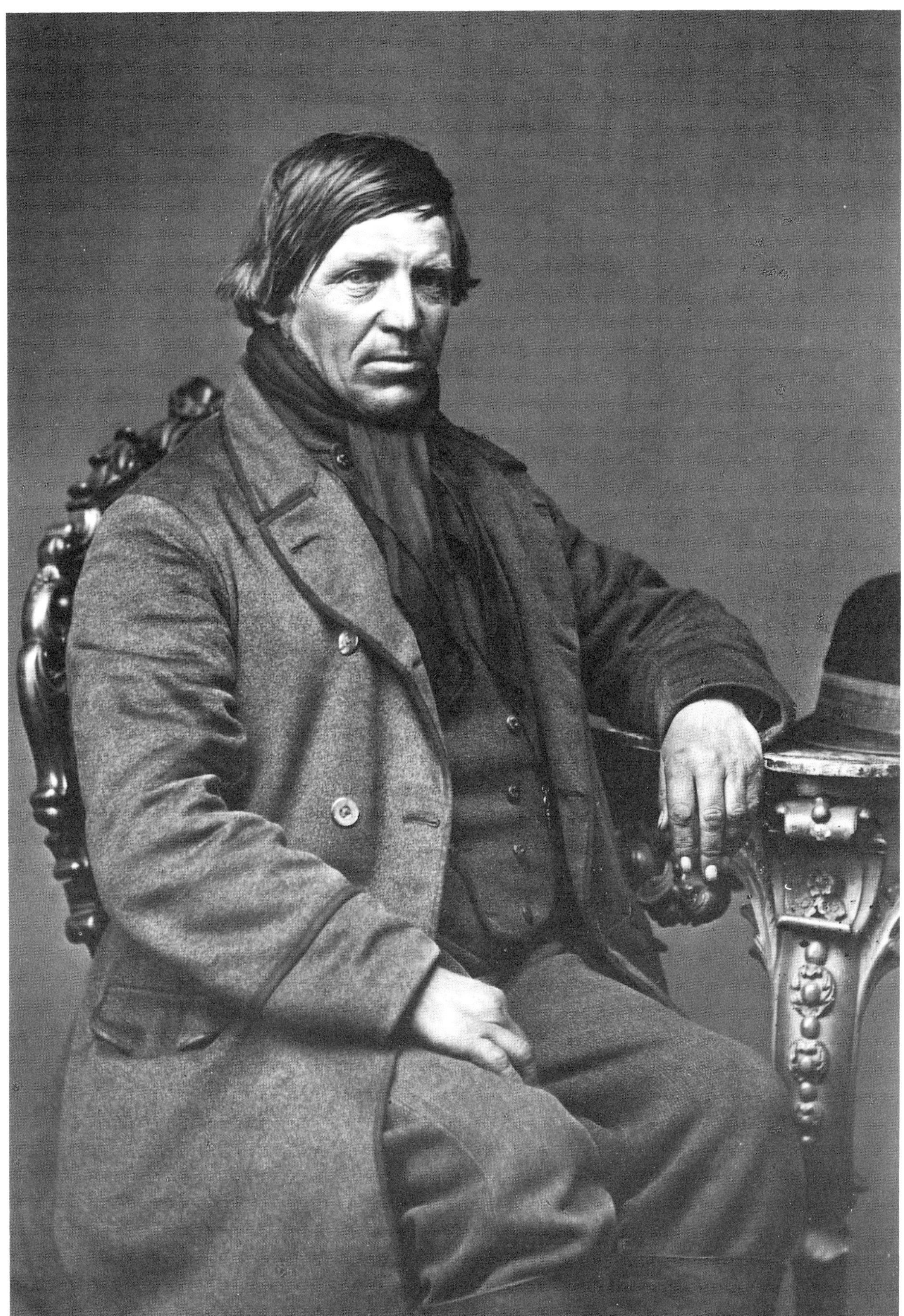

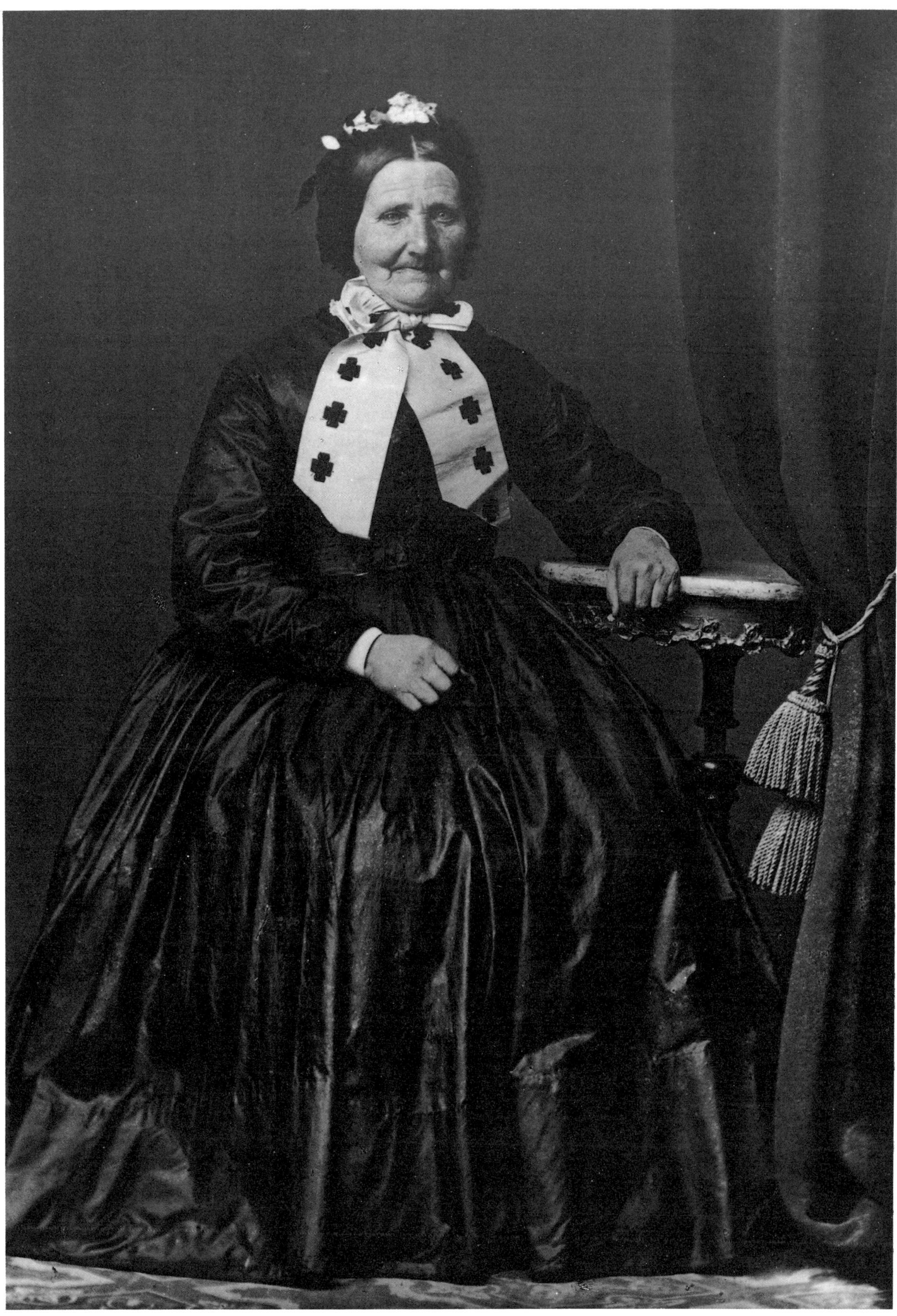

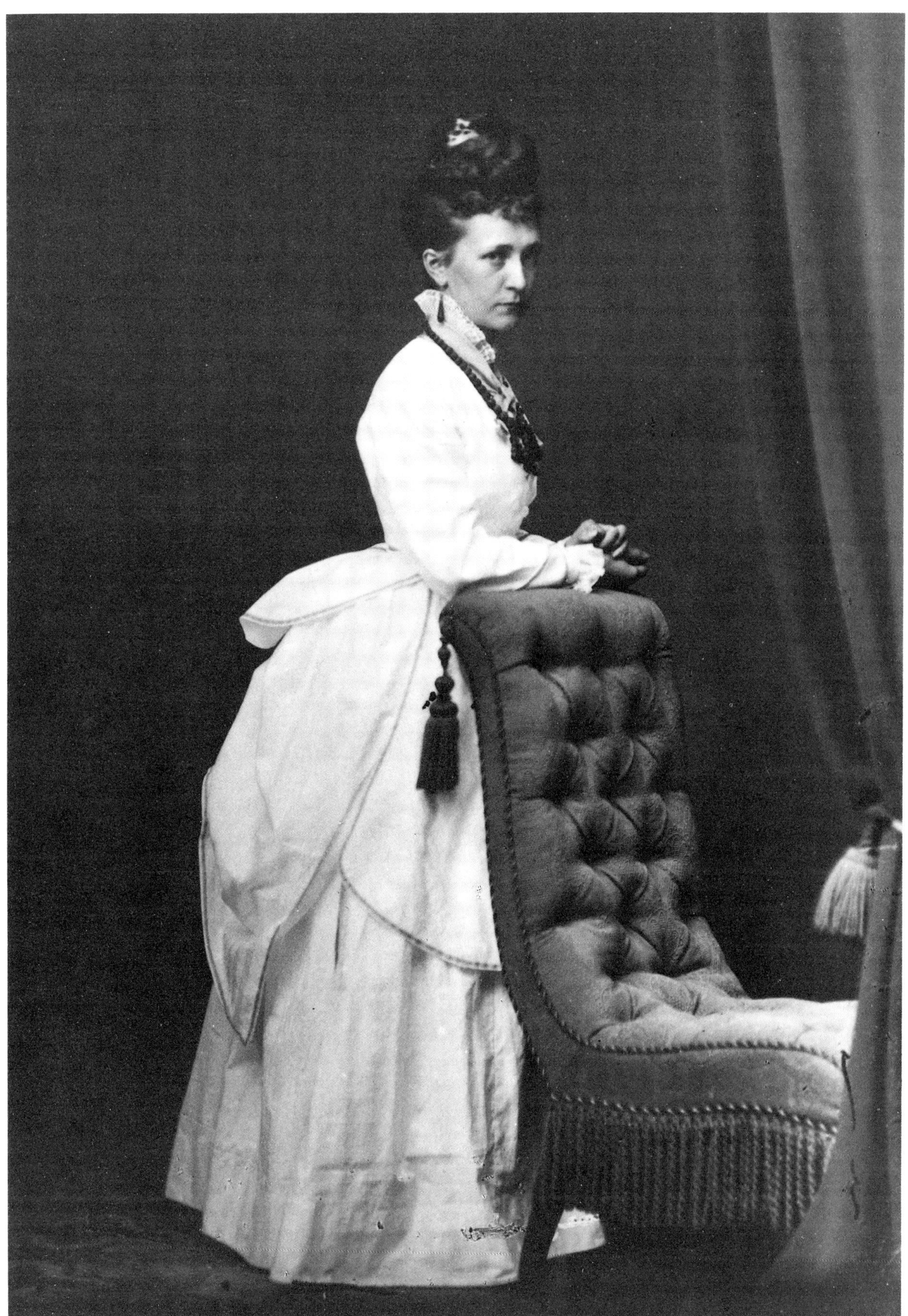

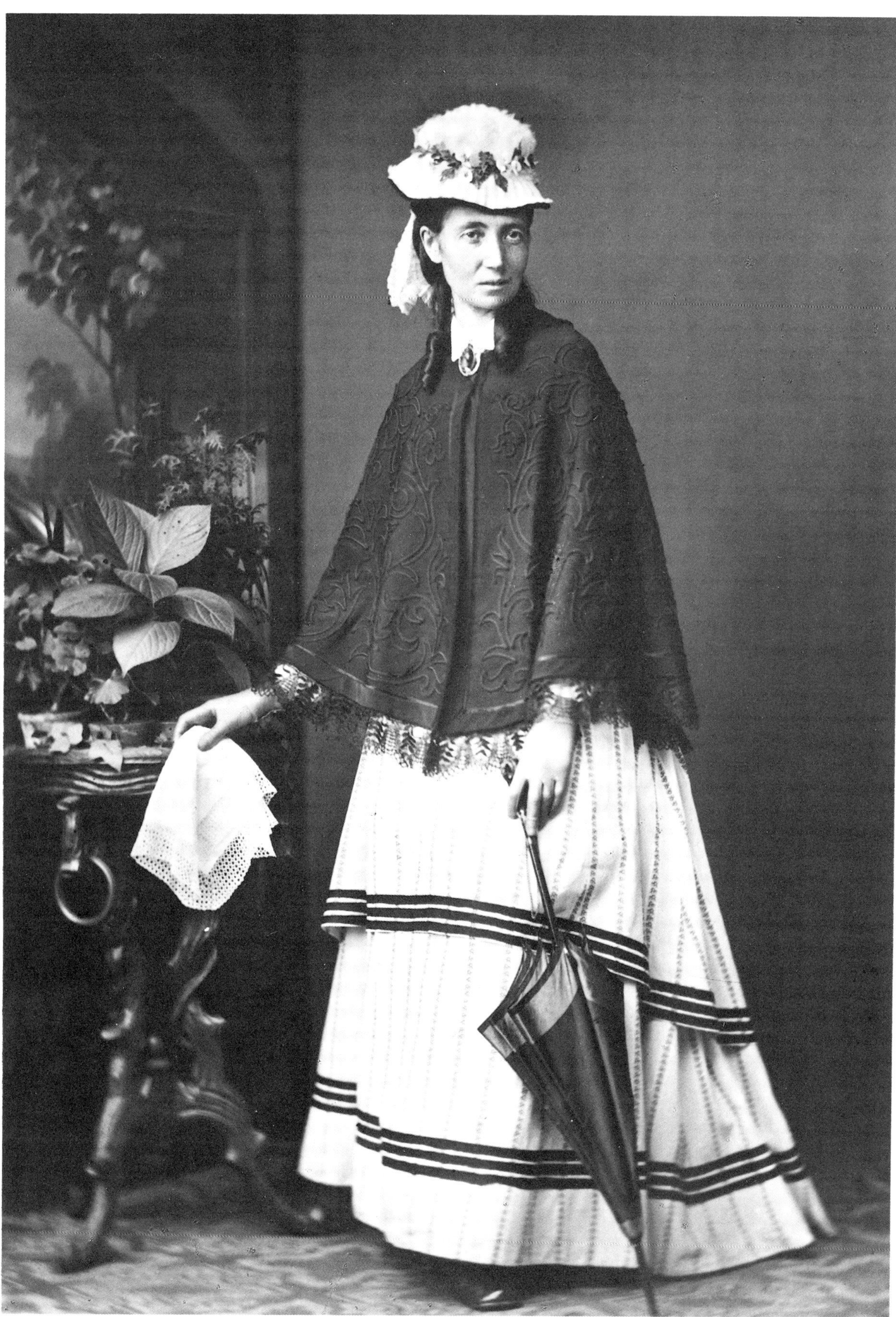

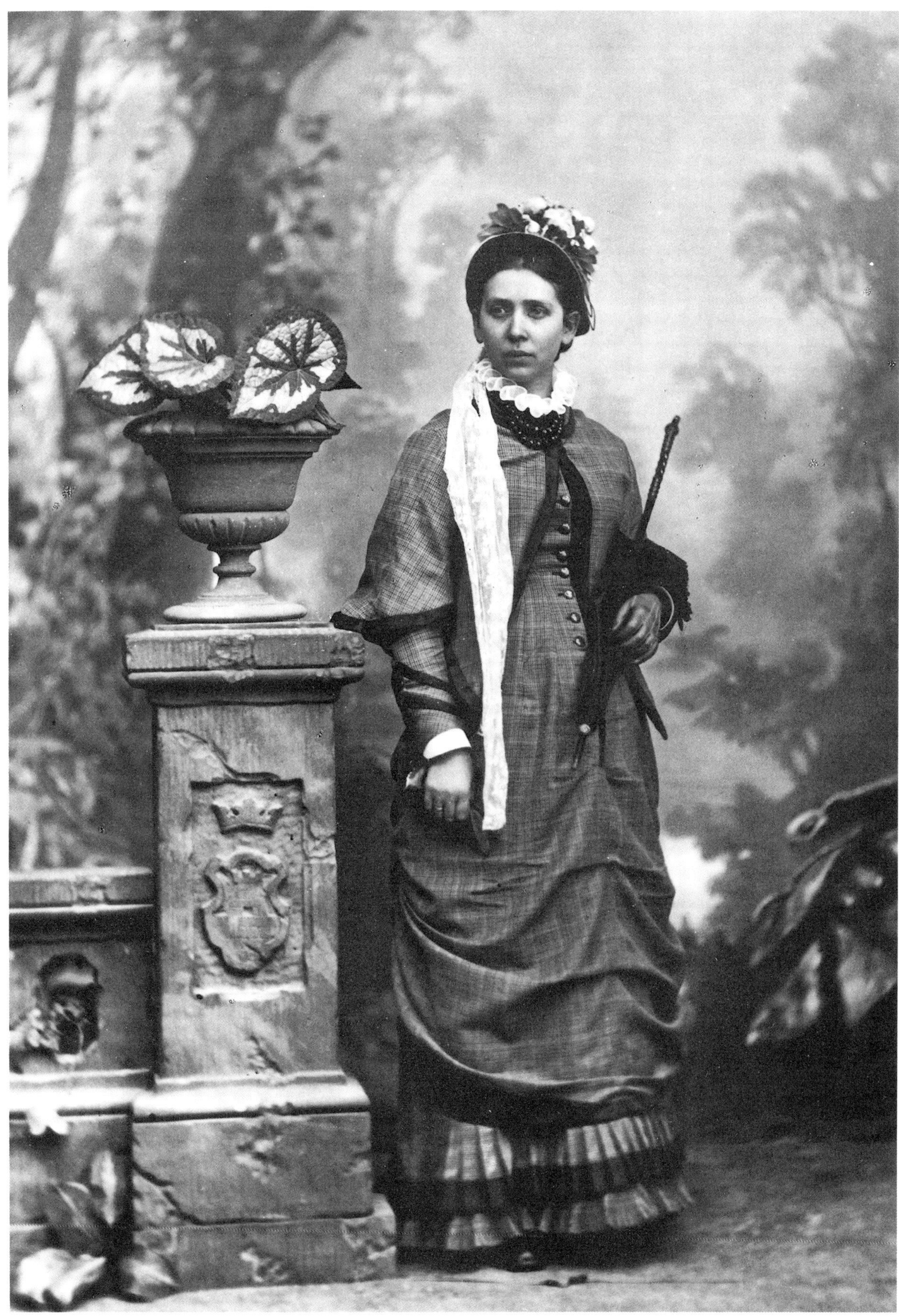

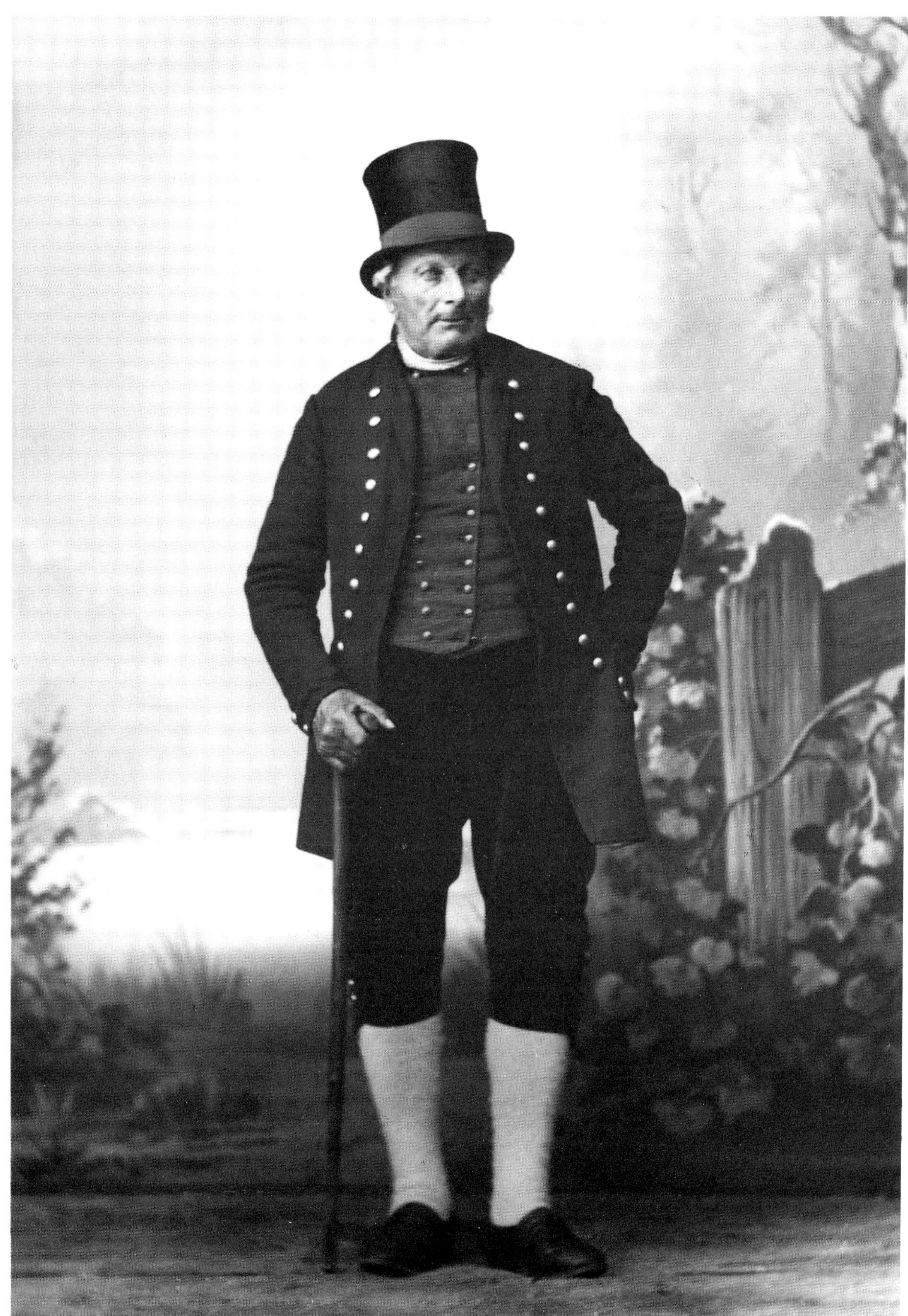

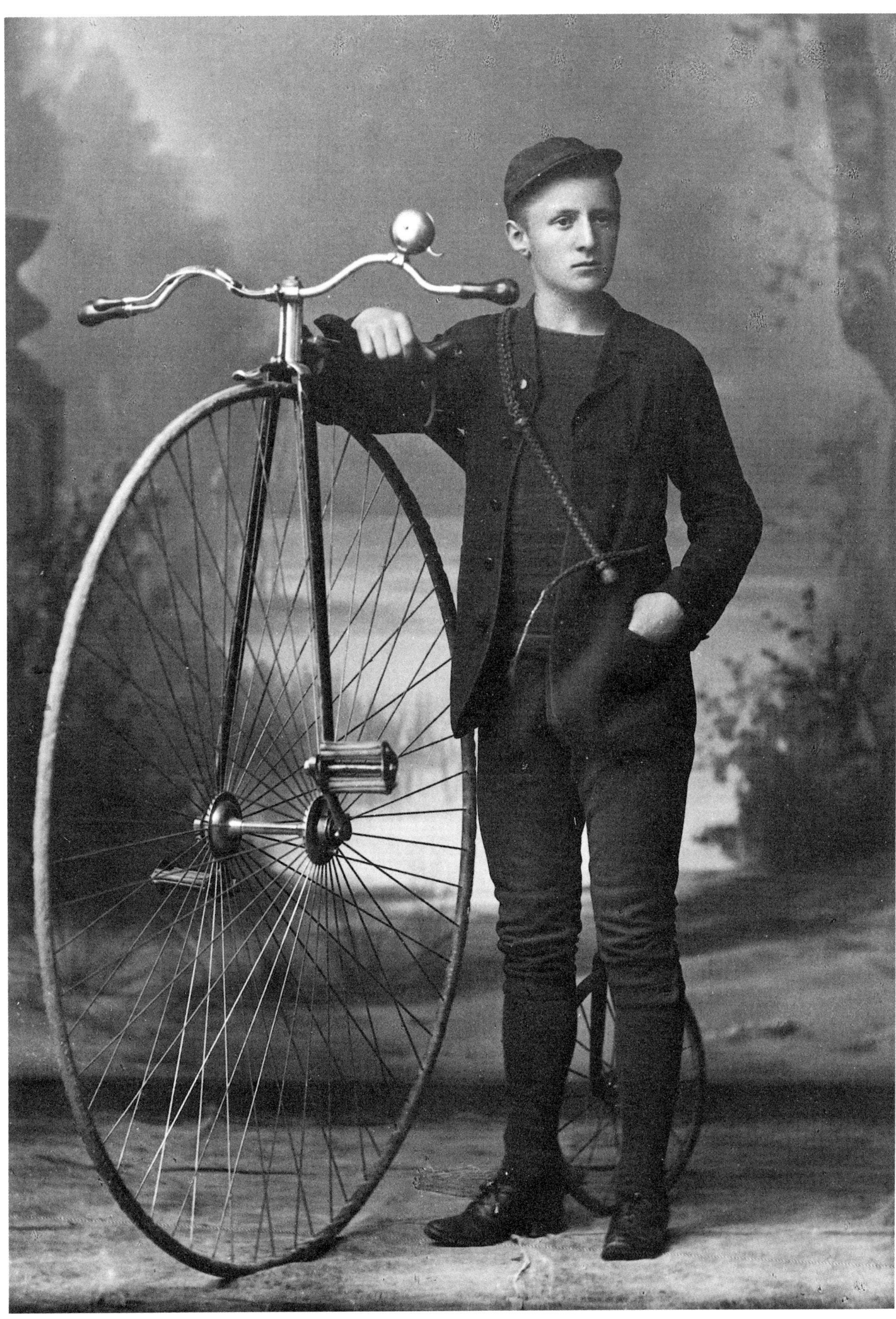

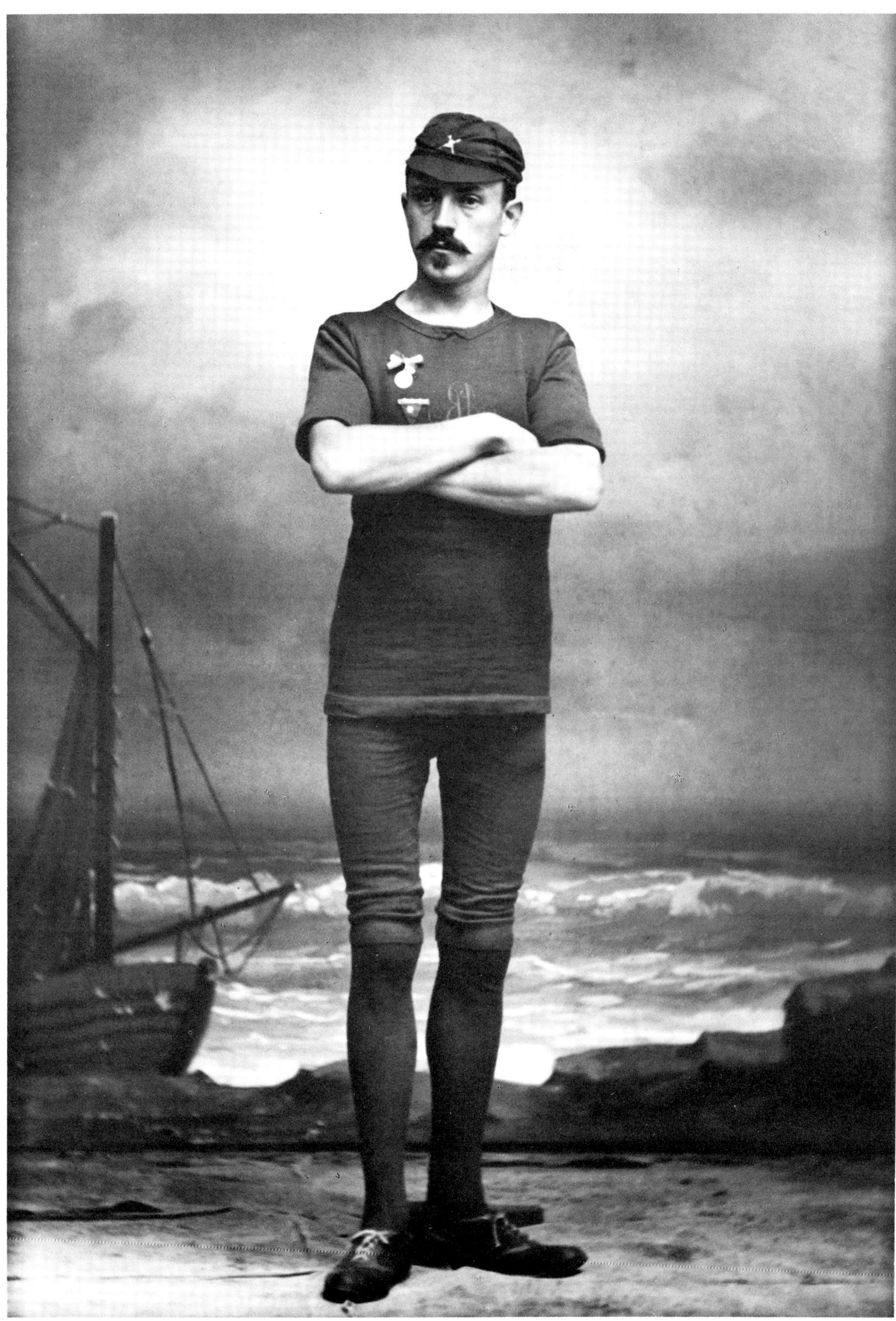

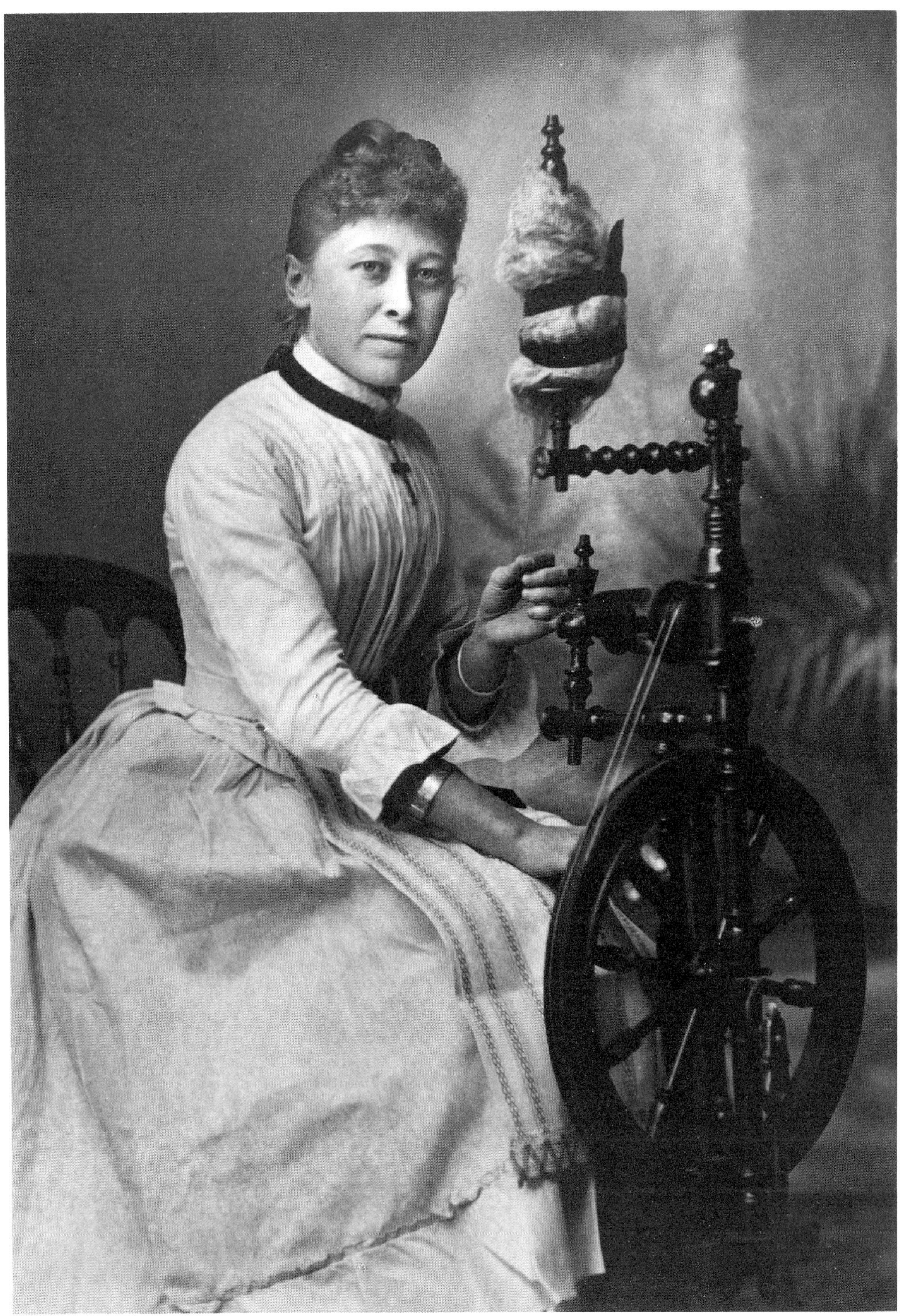

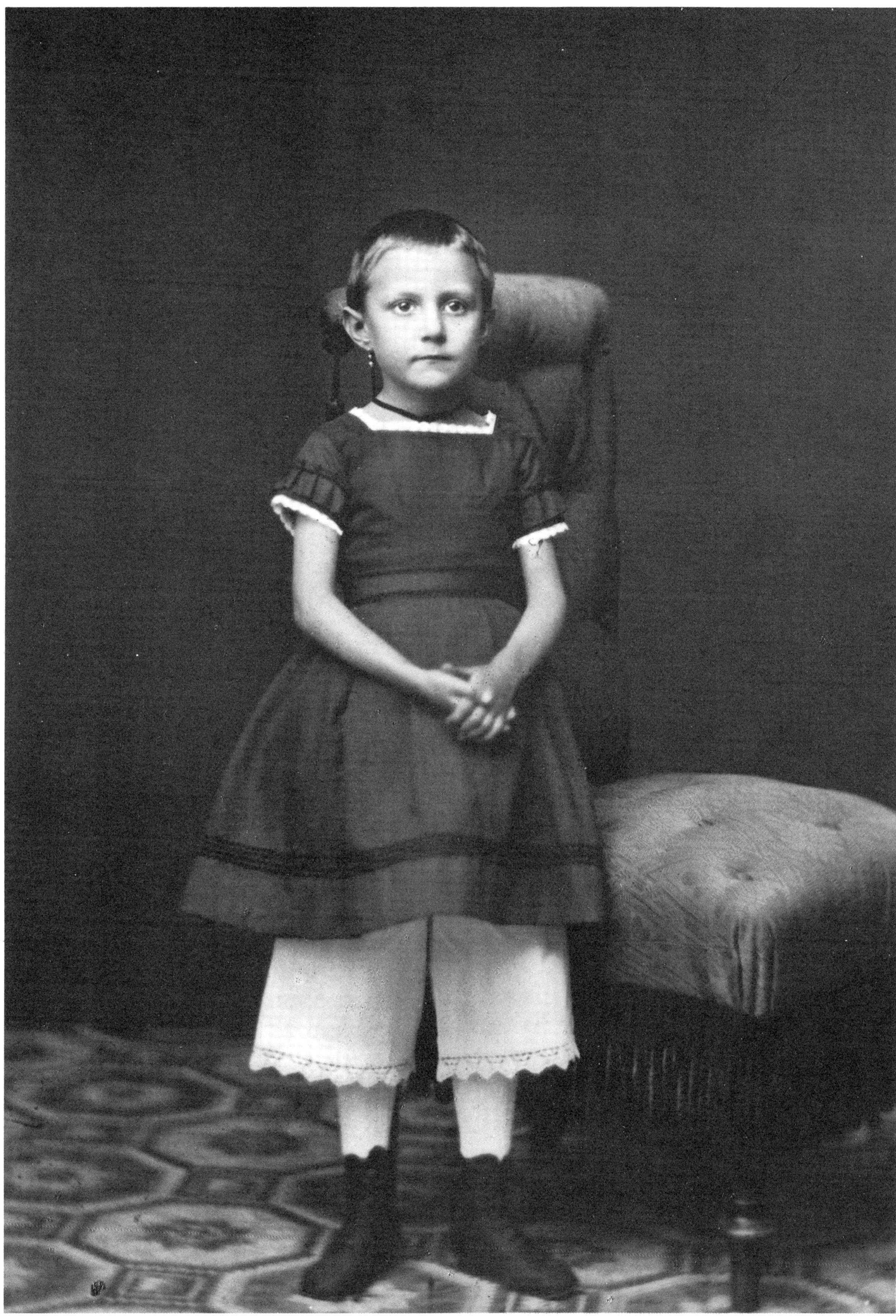

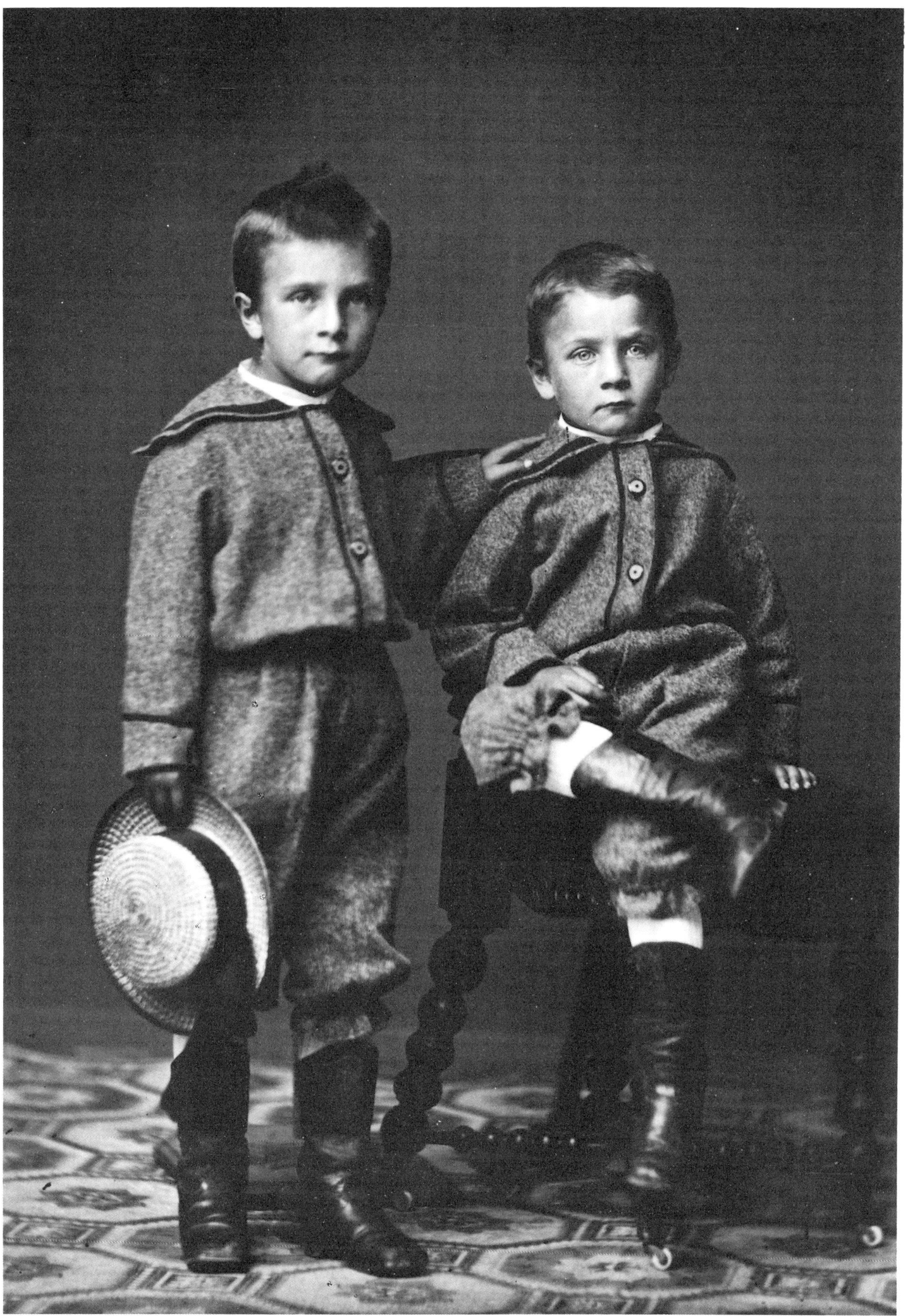

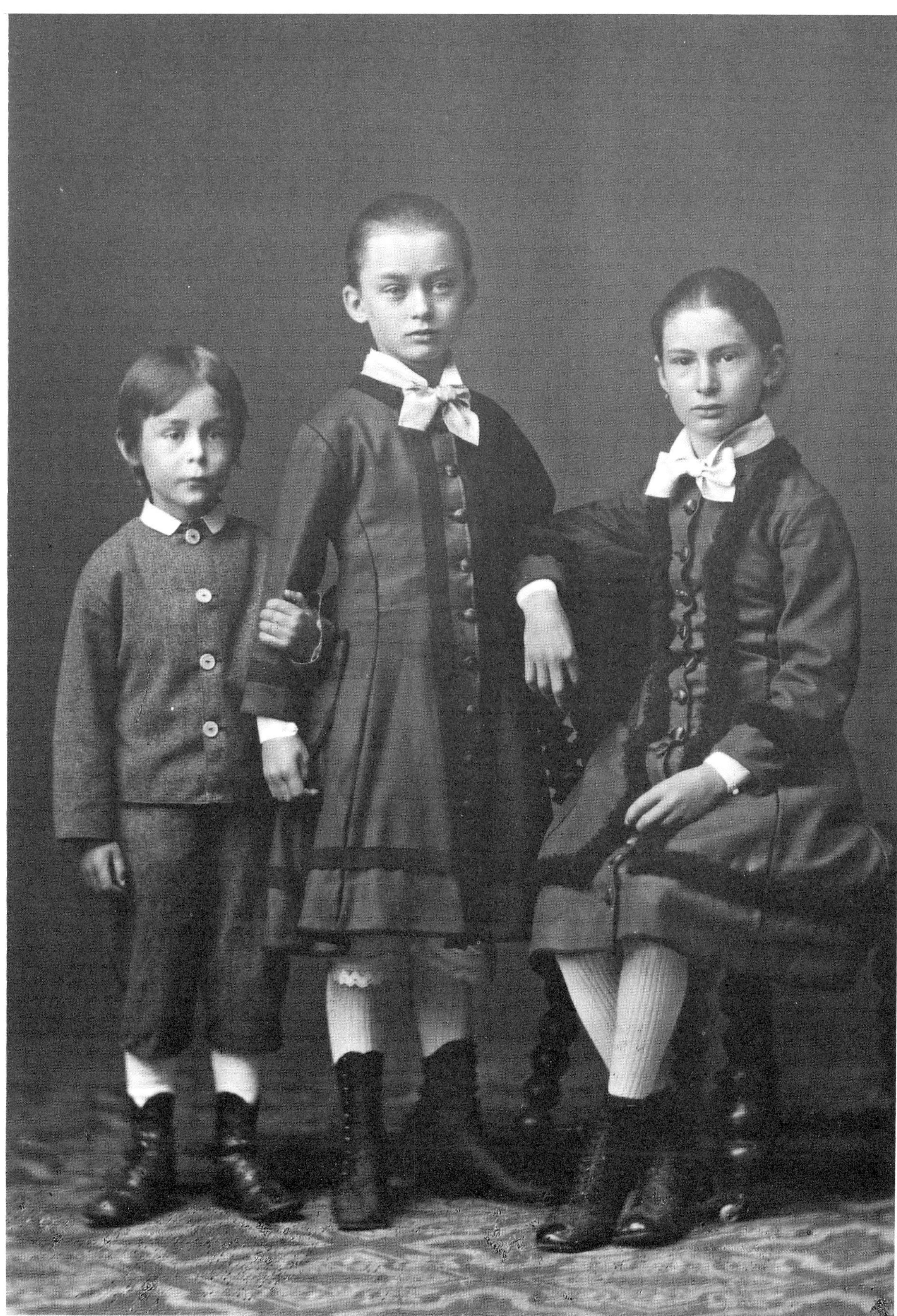

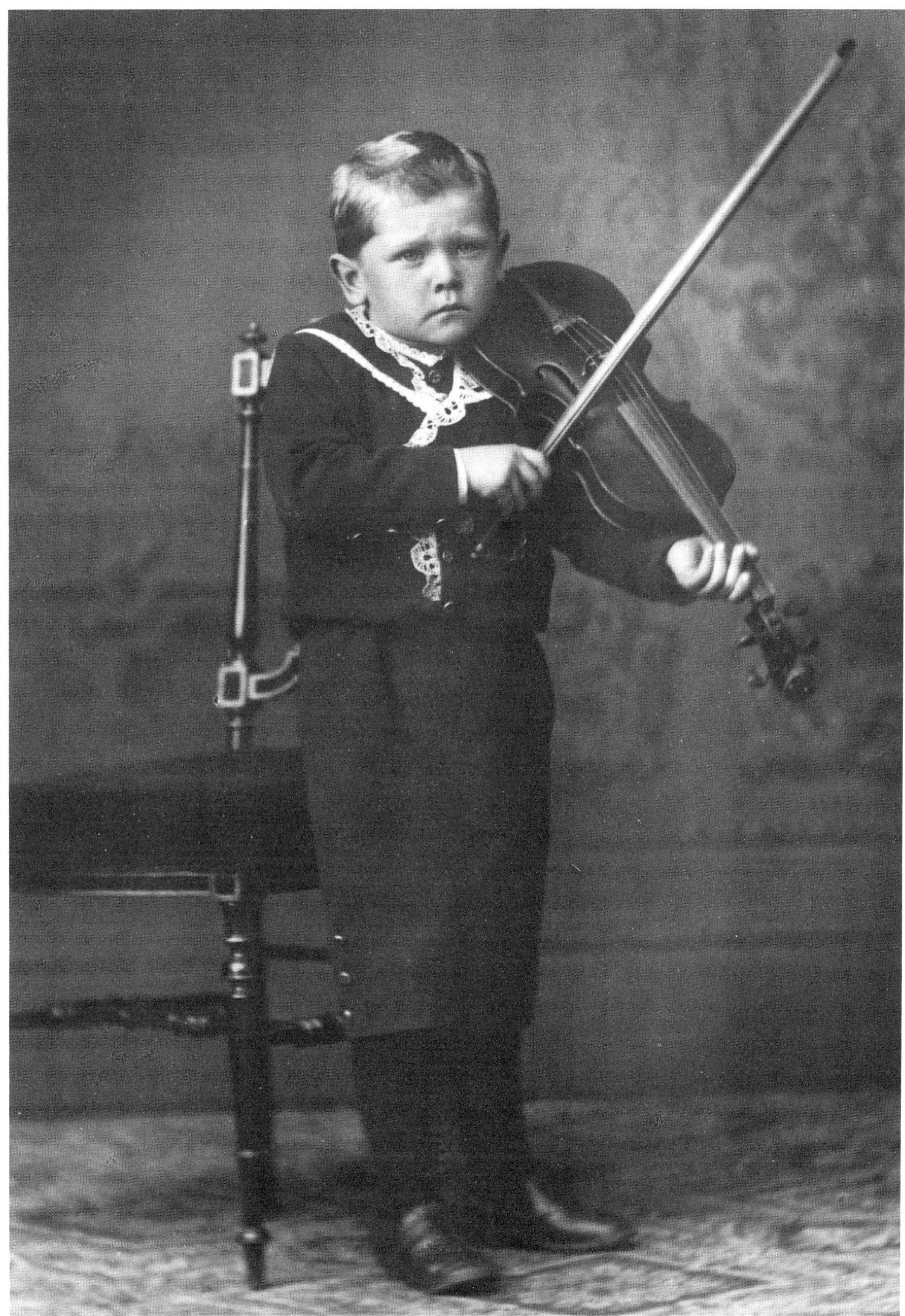

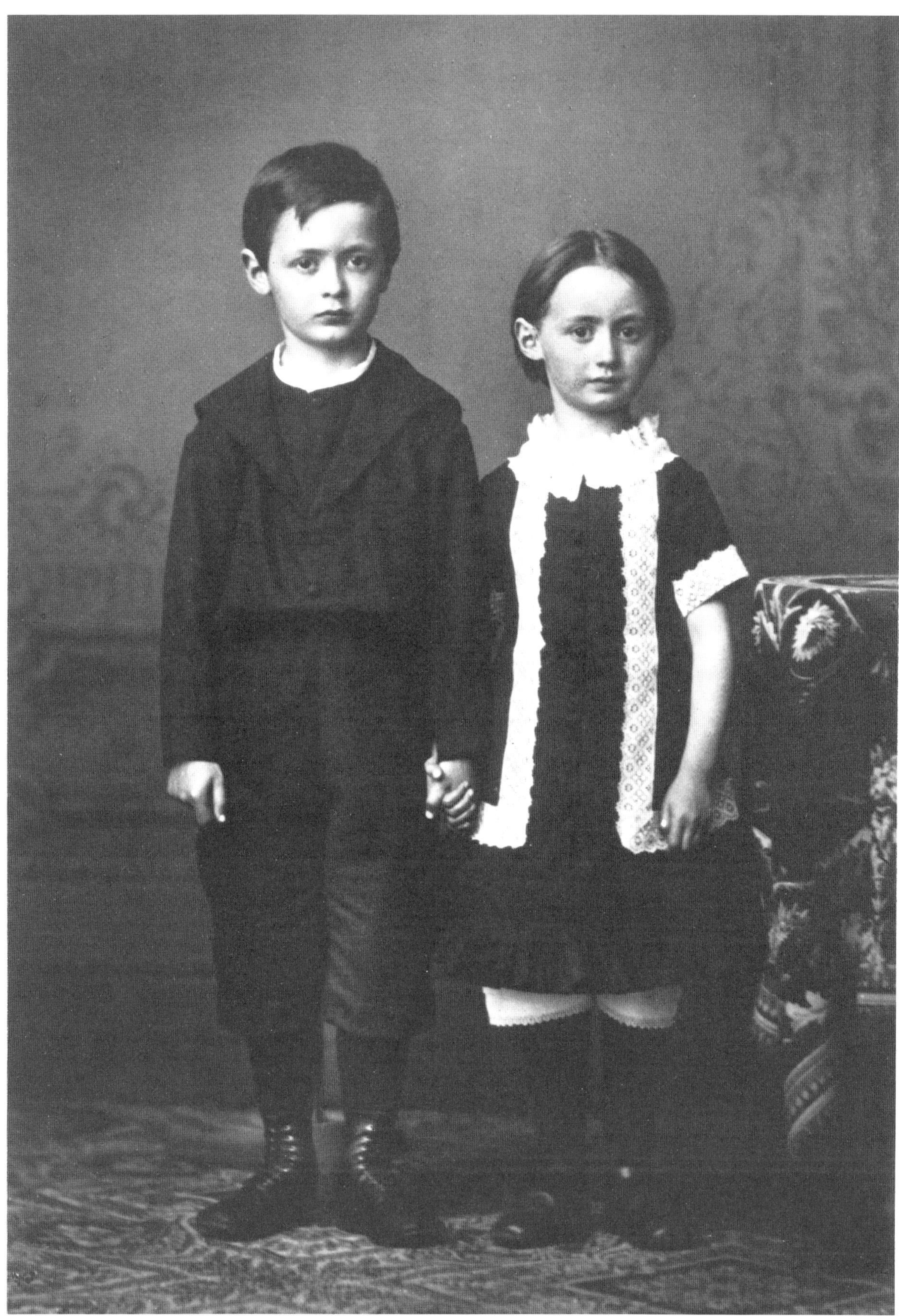

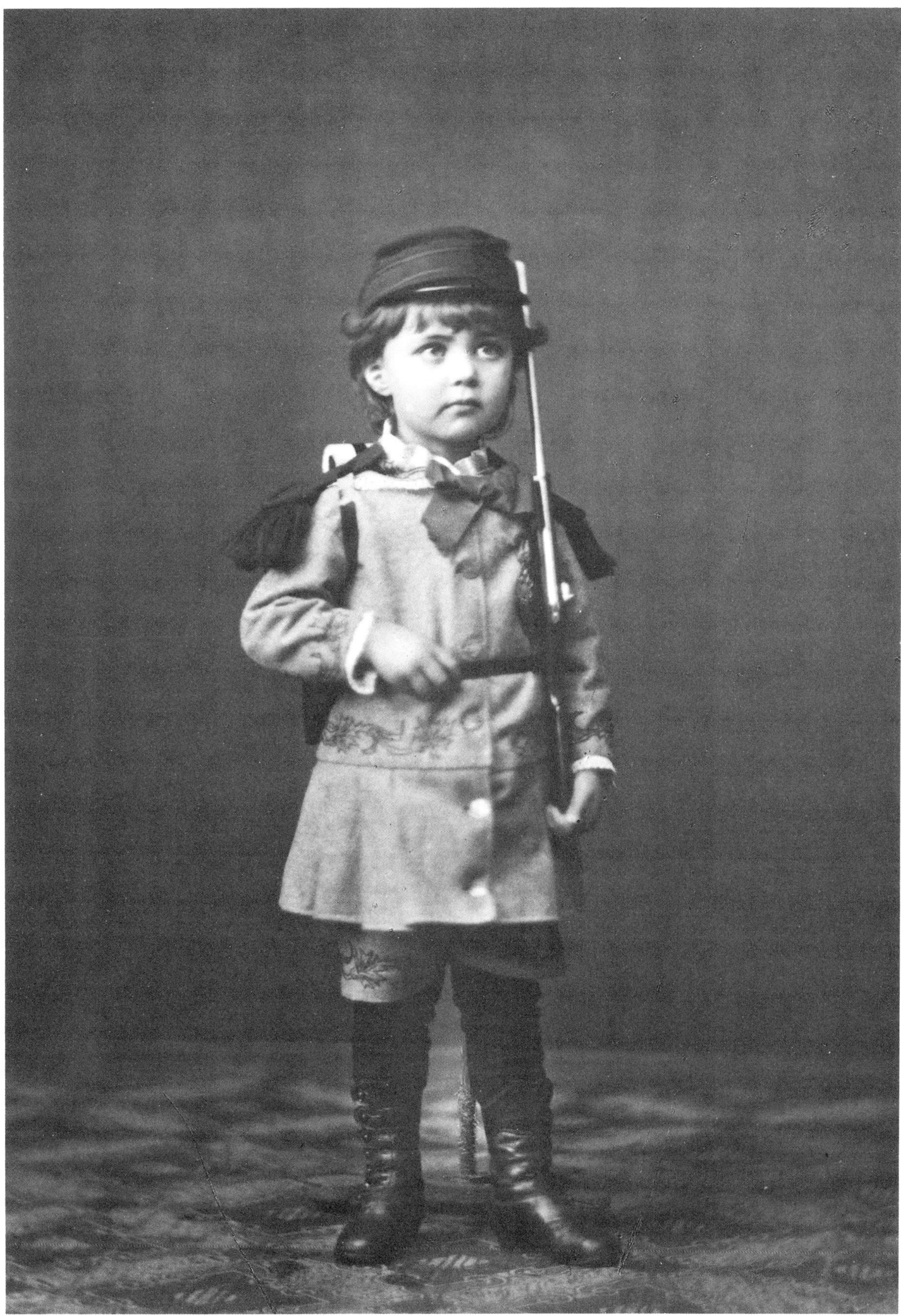

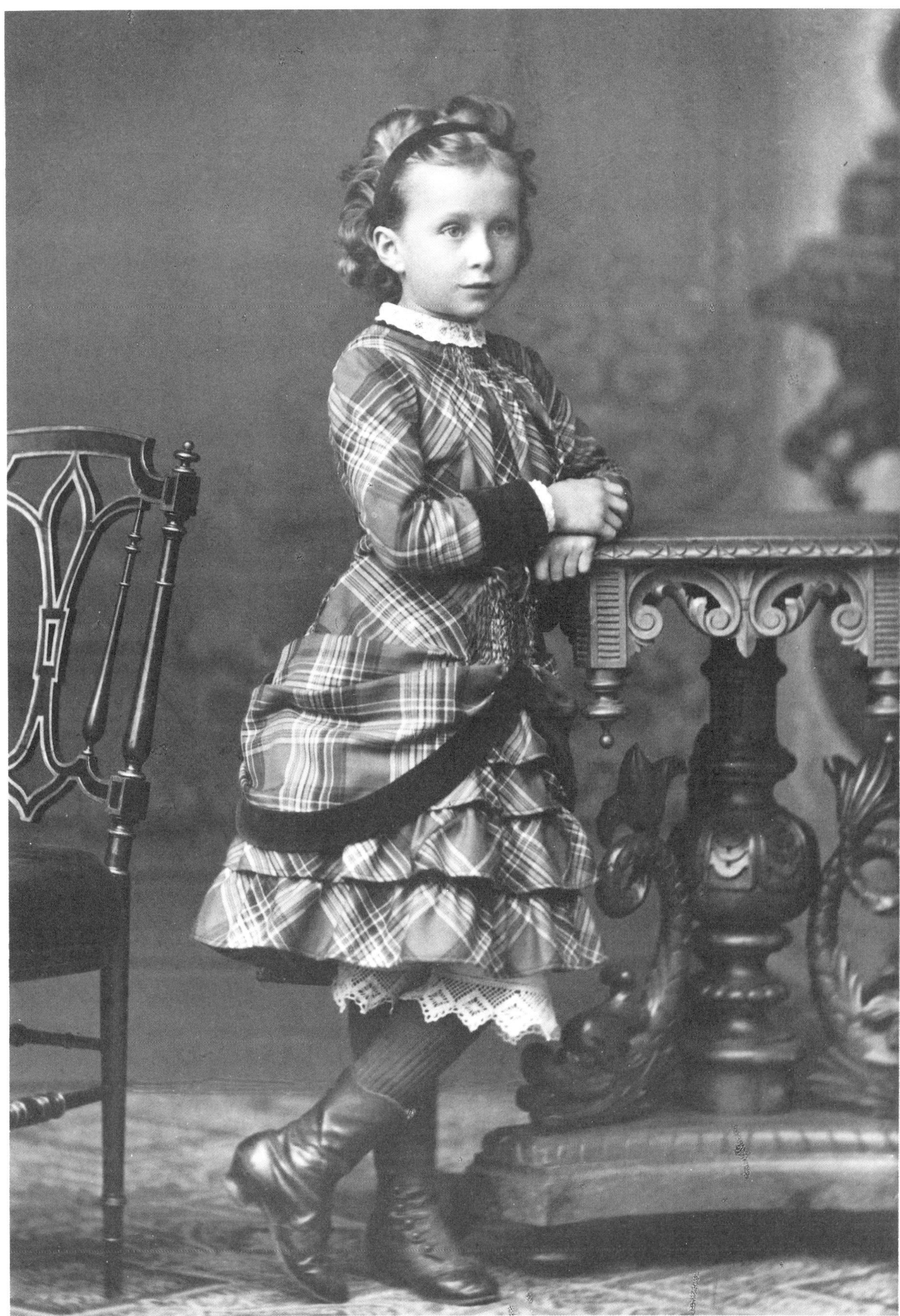

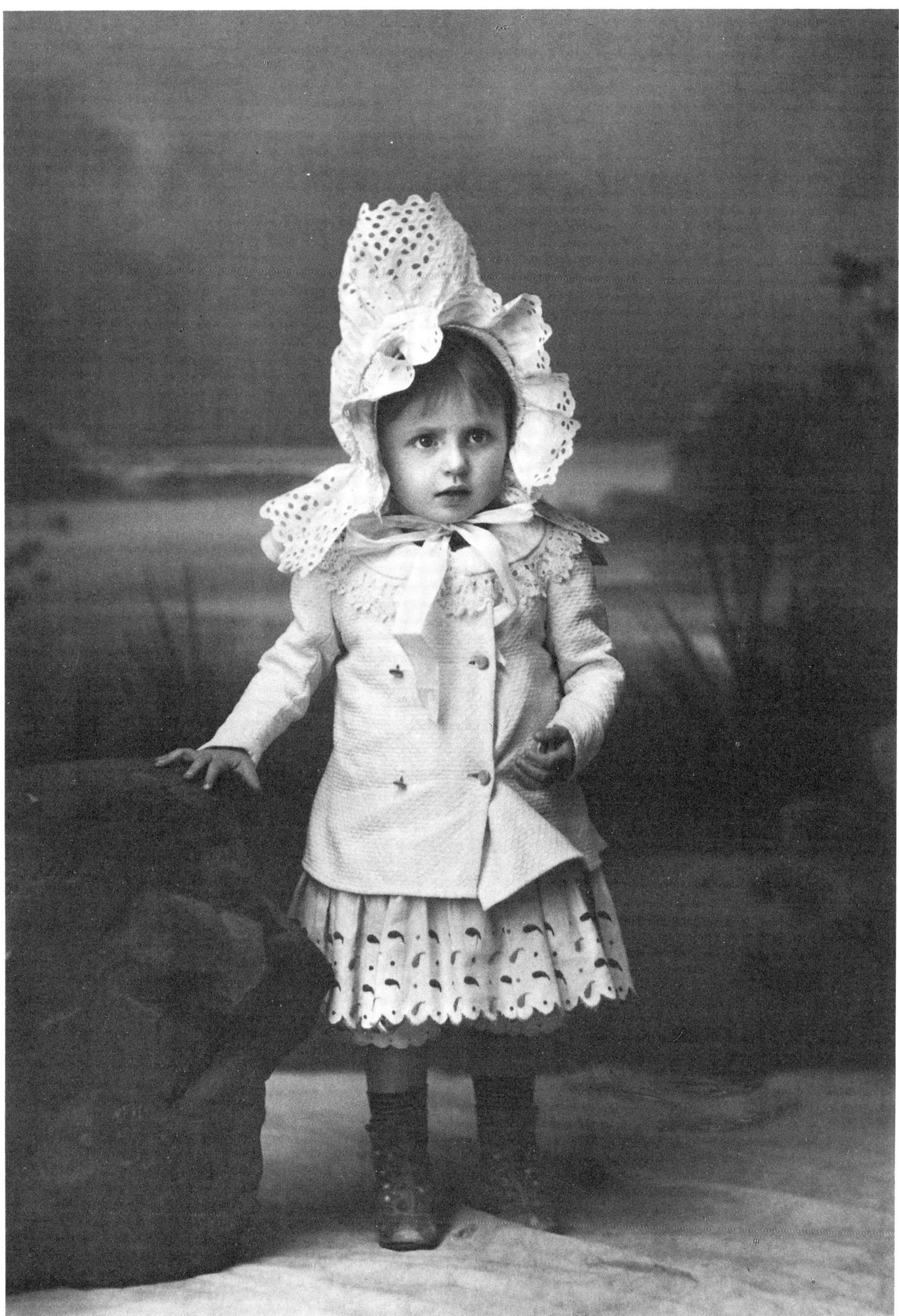

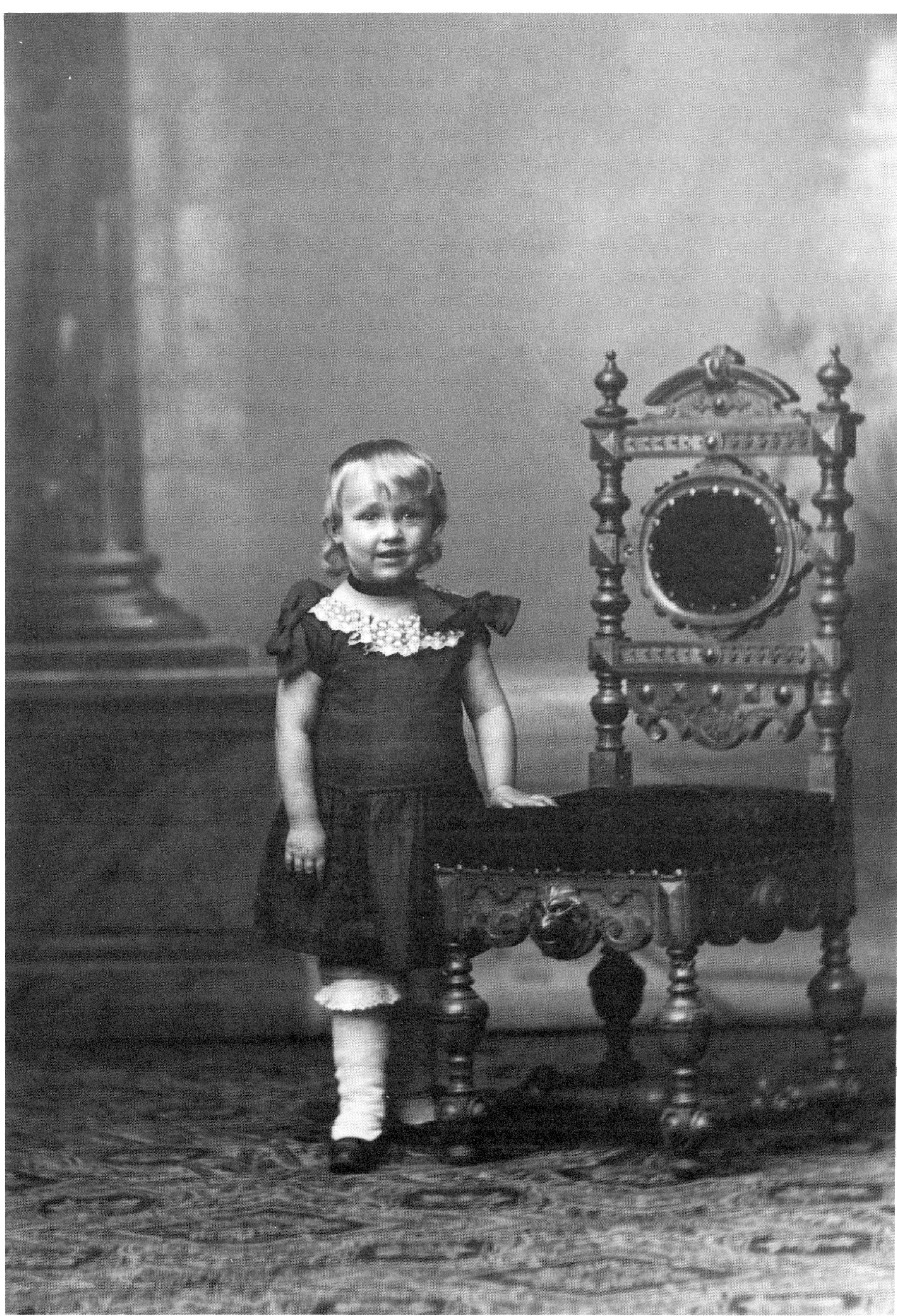

ALEXANDER ALLAND, SR. is the author of *Portrait of New York,* 1939, *American Counterpoint,* 1943, *The Springfield Plan,* 1945, *My Dog Rinty,* 1946 and *Jacob A. Riis Photographer & Citizen,* 1974. His own photographic works are included in the collections of the Museum of Modern Art, New York, the New-York Historical Society, the New York Public Library and the Museum of the City of New York.

ALEXANDER ALLAND, SR. er forfatter til følgende bøger: *Portrait of New York,* 1939, *American Counterpoint,* 1943, *The Springfield Plan,* 1945, *My Dog Rinty,* 1964 og *Jacob A. Riis Photographer & Citizen,* 1974. Hans egne fotografiske arbejder findes bl.a. i følgende samlinger: The Museum of Modern Art, New York, The New York Historical Society, The New York Public Library—The Schomburg Collection og, the Museum of the City of New York.